學會覺察與疼惜自我——

活出想要的人生

抗壓韌性

Stressilient

How to Beat Stress
and Build Resilience

Sam Akbar 珊・艾卡芭 —— 著

詹宛樺 —————————— 譯

獻給我聰慧的女兒蘇菲亞。

目錄

序..7

如何使用本書...13

1. 如何管理你的心智：大腦 101.............................15

2. 如何更懂得思考..23

3. 如何更懂得感受..47

4. 如何採納觀點..71

5. 如何活在當下..85

6. 如何更懂得生活..103

7. 如何採取行動..133

8. 如何對自己更具慈悲心......................................153

9. 如何理解自己..185

10. 如何融會貫通..197

參考資料...199

致謝...207

序

我無法讓壓力消失在你的生命中。

我先把醜話說在前頭，這樣你比較不會感到失衡或心裡難受。我另外要補充的是，沒有人可以完全消除你生活中的壓力，除非提議將你的身體低溫冷凍一輩子，如果是這樣，希望你會喜歡這種寒冷的感覺。

但我能做的事是（而且這比消除壓力更好）：教會你何謂心理韌性（psychological flexibility）。心理韌性是一種能力，就是以更有效的方式來回應人生中無可避免的壓力以及其引發的情緒及想法。建立韌性代表採取行動來讓你的人生過得有價值且有意義，簡單來說，就是變得具有抗壓性。

心理韌性是接受與承諾療法（Acceptance and Commitment Therapy, ACT）的核心概念，這個治療方法新穎且充滿開創性。在過去四十年來，接受與承諾療法已被證實

可以用來治療憂鬱症和焦慮症等嚴重精神疾病，也有助於減重、戒菸、提升表現、管理壓力及改善人際關係。接受與承諾療法的應用廣泛，無論是想改善與伴侶的關係、對付難纏的上司、變得更健康和管理慢性壓力，都屬於此療法的應用範圍。

　　我不知道各位覺得如何，但我覺得過去幾年充滿了壓力，一部分的原因是全球新冠疫情的肆虐，這次的疫情將成為某些人創傷性的經驗。隨著內心浮現出許多想法和感受，我們很難知道要如何著手處理一切。有時，這感覺就像你得閱讀、聆聽並觀看網路上所有資訊，才能找到自己想找的東西。這跟我們在思考要到一個新的地方度假沒什麼不同。要去歐洲還是其他地方？要選民宿還是飯店？要搭飛機還是搭船？清單變得越來越長，直到我們舉白旗投降，最後還是決定去去年去過的地方，這樣就不用再看更多飯店評價，也不用擔心自己會在沮喪或暴怒之下把電腦丟出窗外。

　　雖然我是一位心理學家，但就連我想在網路上找到如何

建立良好的壓力管理法則資料時,都覺得資訊量多到快超出
負荷。我想為各位省下這些麻煩,於是,我讀遍了網路上所
有的資訊(好啦,其實沒有,我只是運用了所有的臨床訓練
和經驗),提供各位有用且容易執行的方法。這本書完全能
達成以下的目標:

1. 以實證為基礎。意思是我會向各位介紹有用且獲得科
   學驗證的方法。我不希望各位浪費寶貴的時間在一些
   沒有幫助的事情上。

2. 簡潔。我希望各位能隨時隨地運用這本書(或許我會
   看見各位在地鐵上閱讀這本書!我保證會保持好距
   離,不會悄悄靠近各位,偷看各位到底是在閱讀,還
   是已經睡著了),我希望這本書能成為各位日常生活
   中的一部分。如此一來,改變將會就此發生。如果這
   本書跟《戰爭與和平》一樣厚,你大概只會讀一次,
   然後把它當作枕頭。

　那麼，各位為何要聽我的？我是一位臨床心理學家，為有創傷後壓力症候群（PTSD）的難民進行治療。我合作的對象是經歷過嚴刑拷打、戰爭或性暴力的倖存者。這是一分充滿意義的工作，而我很幸運能從事這分工作。這也代表，我對壓力和韌性有一定的瞭解。我曾與世界各地的難民和臨床醫師一起工作。我曾在伊拉克北部的難民營訓練其他心理學家，教導他們如何為飽受創傷後壓力症候群所苦的雅茲迪族女性們提供治療〔她們曾遭受伊斯蘭國（ISIS）的迫害〕，也曾在倫敦協助訓練心理學家，教他們如何為格蘭菲塔火災的倖存者及其家庭提供治療。

　我除了是一位心理學家，也是個人類，就跟各位一樣。我會哭、會笑、會搞砸事情，一直都是這樣。而且，就跟各位一樣，我也背負著一座壓力的大山。但我能向你呼喊，避免你跌到谷底，並向你丟出一條救命繩。當然，我也曾掉進自己的黑洞裡，而本書提供的工具和技巧就曾幫助我走出低潮，改變了我的人生。我會將這些工具和技巧推薦給朋友，

而且也希望自己年輕時就知道這些事。

我開始撰寫這本書時,還從來沒聽說過新冠肺炎、封城、居家隔離,或現在每個人都琅琅上口的防疫詞彙,彷彿大家已經說了一輩子似的。這是我生平第一次與消毒酒精發展出如此親密的關係。

我也感覺到了每個人都感覺到的害怕和不知所措。我們從未經歷過這樣的全球動盪,生活的限制使熟悉的一切都變得截然不同。但從我合作過的難民身上知道,世界上有其他地方長期都飽受混亂及創傷之苦。過去,我們一直很幸運能遠離苦難,但苦與樂都是人類經驗的核心,兩者密不可分。當我們為幸福創造空間,我們也要為悲傷騰出空間。

變得有抗壓韌性不是去避免無可避免的情緒痛苦,而是在面臨壓力時,為每種情緒騰出空間,無論喜歡或不喜歡,都向內探索,而非逃離情緒。變得有抗壓韌性就是從此不再逃離這些感受。你能想像這是什麼感覺嗎?如果你再也不須要跟痛苦的情緒拔河,而能專注在重要的事情上,你會感到

多自由？如果你能將精力放在讓人生更值得且更有意義的事情上，情況會怎麼樣？

這就是本書可以發揮功用的地方。你翻開這本書是有原因的，因為你想探索以不同方式生活的可能性。或許新冠疫情的爆發讓你開始思考一些問題，像是要如何度過這一生，或是想擁有什麼樣的未來。本書將提供幫助你更懂得思考、更懂得感受及生活的工具和技巧。你將能深入瞭解哪些事情對自己來說是真正重要的，學習按照自己最深層的價值觀來行動。你將找到茁壯成長的方法，而不只是活著。我知道這些方法有效，因為我教導過無數個像你一樣的人去做到這件事。

你無法避免人生的高低起伏，我也不行，但我們能培養駕馭人生浪潮的能力，進一步改變人生。至少，這件事是我們可以控制的。

那麼，讓我們開始吧？

🍃如何使用本書

　　不要翻到最後一頁看結尾，這本書不是這樣使用的。這本書非常精簡，所以我想建議各位先從頭讀完一次，再翻閱其他部分，之後再回顧你覺得有幫助的部分，用最適合你的順序閱讀。

　　我的用意是希望你能隨身帶著這本書，把它塞進手提袋或是口袋，當覺得人生有太多東西要消化（像是在家庭聚會中躲進廁所時、工作中瘋狂翻找文件時，或在超市排隊閒來無事時），可以隨時閱讀它。但願這本書能因經常使用而出現摺痕，也希望你能把它當作可靠又有智慧的朋友。

　　第一章（大腦101）將介紹大腦不為人知的真相，以及運作方式，這些是讓我們學會擺脫念頭糾纏的重要知識。接下來的六個章節（如何更懂得思考、感受、採納觀點、活在當下、做重要的事並採取行動）將探討心理韌性的核心元素，

包括想法、情緒與行動。希望你在閱讀完這本書之後,心靈有彈性到可以碰到腳趾頭!我新增了最後兩章——如何對自己更具慈悲心和如何理解自己——因為多年來治療病患的經驗讓我明白,這兩者是培養幸福感的重要方法。

本書也有許多未著墨但同樣有助管理壓力的事物,例如睡眠、飲食、運動三大要素,但這只是其中三種而已。我將重點擺在探索我們自身的內在世界,以及如何更有效地找到方向、做你認為重要的事。擁有一些停止思緒和不被感受綁架的能力,你將更容易去做你認為重要的事。

好了,話不多說,讓我們繼續看下去。

第一章

如何管理你的心智：大腦 101

「我一直以為大腦是全身最重要的器官，直到我意
識到是誰告訴我這件事。」

艾摩・飛利浦（Emo Philips），喜劇演員

　　我在提供諮商時，總會先解釋大腦的運作方式，這麼做
的效果會比較顯著。如果想充分利用大腦，就須要瞭解這個
位於兩耳之間的東西。大腦是世界上最強大的機器，但我們
不是很清楚如何控制它，我們須要有人在我們出生時就提供
一本大腦操作手冊。請繼續閱讀來瞭解關於大腦的真相。

緣起

把想像拉至久遠的時代，想像你是山頂洞人，坐在洞穴外面，陶醉於美麗的日落，臉上帶著一抹微笑。

再想像躲在洞穴樹旁的大熊把你咬成碎片。現在你知道坐在外面乘涼會發生這種事。人們會被熊咬死，也可能被獅子或其他在外面遊蕩、想吃人肉當零食的動物咬死。

我們的祖先因為充滿警覺性、會隨時偵測危險，才得以存活下來，並傳下他們的基因。人類的祖先很神經質，但如果考慮到當時非常切身的生理威脅，這很合理。防範未然，總好過事後後悔。

無論你以為角落的黑影是一條蛇，結果只是手提包的帶子（它們是有帶子的，對吧？）而被嚇到多少次，小心謹慎還是非常有幫助的，所以大腦就進化成了超級機警的「求生」機器。這是大腦的工作，也是為什麼祖先得以存活下來，而我們能存在於這裡的原因。所以，謝啦，祖先們。

　　但現在事情變得更複雜。為了提升存活率，人類開始群居生活，並過得越來越好。生活環境變得越來越安全，人類更容易存活並傳下基因。

　　於是，我們祖先轉而關心的是不要被群體排擠。如果只有自己一個人，又沒有資源，誰來殺雞宰羊提供飲食？人類基本上無法獨自在這樣的情況下存活，就像在居家隔離的時候，必須請他人到特易購超市（Tesco）幫忙買點東西一樣（宿醉時也是）。

恐懼檔位

　　大腦會為恐懼準備就緒，而其中要為此負起最大責任的就是杏仁核。杏仁核的大小一如其名，和杏仁差不多，雖不起眼，但它只要認為有出現明確的威脅，就會促使我們採取行動。杏仁核會在腦中大喊：「這不是個演習！」杏仁核是腦中最早演化的部分，主要關心生存的問題，因為那是過去

唯一重要的事情。杏仁核會讓大腦和身體進入高度警戒的狀態，啟動戰或逃的反應。杏仁核很重要，能幫助人們活下來並演化，但它並不是大腦中演化得最精細的主角。杏仁核會先採取行動，但不會過問之後發生的事。

　　戰或逃反應是演化過程中讓人們得以存活下來的方式。一旦偵測到危險，我們不是要逃跑，就是要戰鬥，而生理反應已為此準備就緒。此時，肌肉會變得緊繃、心跳加速、呼吸急促、想法翻騰不止等等，這些反應不就是焦慮嗎？沒錯，戰或逃的反應就跟焦慮的徵兆一樣，因為兩者基本上是一樣的。大腦對於現代威脅或壓力的反應（擔心新冠肺炎、工作、家庭、地位、金錢、健康、被拒絕等各式各樣的恐懼），跟害怕被熊攻擊是一樣的。因此，害怕在老闆面前公開演講，或是過度思考人際關係中的危機，都可能引發戰或逃反應。

🌿 大腦中的智慧女性

　　如果大腦裡有位朋友，可以讓杏仁核冷靜下來，幫助管理壓力就好了⋯⋯其實，是有的！前額葉皮質就是大腦中的智慧女性。我常想像這位智慧女性就像蜜雪兒・歐巴馬一樣，當然，你也可以自行把她想成是露絲・拜德・金斯伯格（Ruth Bader Ginsberg，美國女性平權先鋒）或瑪雅・安傑盧（Maya Angelou，美國作家兼詩人）。前額葉皮質位在額頭後方，你可以輕輕撫摸它，以示感激。

　　前額葉皮質掌管了最人性的部分。隨著人類開始在較為複雜的群體中生活，前額葉皮質是大腦近來才演化的部分。不同於杏仁核，這是大腦中發展最精細的部分。這部分的新大腦可解決問題、提前計畫並抑制衝動，也是這部分的大腦幫助科學家研發出了 Covid-19 的疫苗。

　　前額葉皮質儲存了我們目前的狀況以及過去的資訊，幫助人們在面臨壓力時做出良好且有效的選擇。但現在的問題

是，在受到威脅的情況下，前額葉皮質的反應速度比杏仁核慢，而在前額葉皮質反應過來之前，杏仁核很可能就啟動了戰或逃反應。但別驚慌，我會教各位如何控制杏仁核，等到你的好友前額葉皮質可以回過神來發揮功能。

前額葉皮質很棒，但是（總有個「但是」），它擁有能思考未來的能力（也就是解決問題的能力），也有獲取過去經驗的能力，代表這部分的大腦會讓我們對過去發生的事情感到痛苦不堪，對未來做出災難性的想像，在與他人的比較中感到矮人一截。

🍃 現代生活

所以，問題來了。我們的舊大腦仍然靈敏地接收恐懼，而新大腦在擔心未來，並對過去感到痛苦不堪。沒有了尖牙利齒的老虎、獅子或蛇，我們卻有了更糟糕的東西——現代世界。

　　對於我們的心智來說，現代世界的威脅可不曾少過。我們會用類似的方式回應，但不總是有用。穴居人出門會小心威脅生命的危險，我們的現代腦袋也會做一樣的事情，也就是問：「如果我失敗了怎麼辦？值得冒這個險嗎？」除非碰上關鍵時刻，不然穴居人不會用盡力氣。但現代大腦告訴我們，除非我們能確定結果，不然不要冒險。

　　一個穴居人會想：「老友，我可不會在這裡採集食物。上次這裡發生了可怕的事。」我們的現代腦則會說：「你以為你是誰啊？一次失敗，一輩子都是失敗者。」只要將自己與社群媒體上的他人稍加比較（人類天生就害怕被群體排擠），心智就會進入威脅超載的狀態。

　　你的心智不是想毀了你或是你的人生計畫，而是想拯救你於痛苦，這是心智進化的目的，但有時候它做得有點過火。現在你知道你的心智是出於好意才會以任何形式抗拒風險，你就能更有效地處理它產生出來的想法，不讓它阻礙你。你絕對可以學著管理杏仁核，讓前額葉皮質發揮功能，

用有效的方式回應壓力。

在接下來的章節中,我會教導你一些現代世界的重要抗壓技巧,像是如何管理想法與感受,不受到其阻礙,以及如何在面臨壓力時過上更好、更有意義的人生。

核心觀念

大腦是為了偵測危險並保護我們免於傷害而進行演化。這在我們被老虎、獅子和熊追趕時很有效,但在面對現代世界的威脅時並不那麼有用。

舊大腦(不被殺掉/拒絕)+新大腦(如果我像上次一樣被拒絕怎麼辦/如果我被殺掉怎麼辦)+現代生活(我會失敗、我很沒用、我做不到)=複雜腦(須要以科學方法適當管理)。這是我喜歡將之貼在汽車玻璃窗上的俏皮話。

第二章

如何更懂得思考

「別讓想法成為禁錮你的牢籠。」

威廉・莎士比亞，《安東尼與克麗奧佩托拉》，

第五幕，第二景

　　一切要從你的心智以及其中的事物（包括想法、記憶和影像）說起。我發現人們最常犯的錯誤，就是在還沒學會掌控想法之前，試圖改變自己的人生。如果不學著用更好的方式思考，心智會不斷使我們偏離軌道。在本章中，我將解釋為何在面對不想要的想法、記憶和影像時，你經常使用的方法沒效，還有你能採取哪些替代方案。

　　現在你知道大腦的模式是偵測危險並提出（很多）警告，包括在現代世界中會威脅到你福利的事情。你也知道大

腦非常擅於解決問題（有些問題甚至比惡魔等級的數獨謎題還難），而且大腦其實是個解決問題的機器，最主要的目標是活命。這在外面的現實世界中完全沒問題，因為它解決問題的能力很有用，但對內在世界來說就不一定了。

🍃 擅長解決問題的大腦

想一想你最近遇到的問題，可能是開會遲到、要修理屋頂漏水，或發現鞋子破洞了。你的心智是否開始運作，思考如何解決這些問題並提出方案？打電話告知你會遲到、請人來修理屋頂、帶著鞋子去找鞋匠？這些都是極佳的解決方式。到目前為止，一切都很好。

但問題來了。接著，我們傾向要求擅於解決問題的心智來處理內在的漩渦，像是想法、記憶、影像、感受、渴望和身體的感覺。

「我真是個沒用的人」「我真失敗」「我做不到」，你

最近有過這些想法嗎？我敢打賭有。我怎麼知道呢？因為幾乎每個人都會有這種想法。在閱讀這本書的時候，偷看一下坐在你隔壁的人。或許你正在上班、在家裡或在地鐵上，或是待在隔離的房間中看著窗外，但無論如何我都可以向你保證，每個人的腦海中都曾出現過這些想法。IT 部門的凱莉有著正向積極的人生觀，還有個令人羨慕的膠囊衣櫥，看起來人生盡在她的掌握中，但她的心智仍會不時暴打她一頓，就跟你的心智一樣。

　　你會如何處理心智產生的評價、比較、論斷和原因？你會試圖修復或改變它們。你會試圖告訴自己這沒什麼，或是苛責自己怎麼會有這些想法。腦中彷彿有兩個聲音在吵架，你煩躁地揮舞雙臂，在別人開始過馬路時，你喃喃自語，暗自否定自己。大概會是這樣的畫面。

🍃 想法的牢籠

試圖改變、避免、擺脫或逃離不想要的想法大多是沒用的,但我們仍然這樣做,一是因為我們的本性如此(見前一章),二是社會告訴我們不應該有負面想法,三是沒人告訴我們有哪些替代方法。我無法改變第一點和第二點,但關於第三點,我還能有所作為。我將一般人用來處理想法的方式命名為 C.A.G.E(套牢):

Change(改變)
Avoid(避免)
Get rid(拋棄)
Eliminate(消除)

如果我沒有發明字首簡寫,感覺就不像一本正式的心理自助書了。

　　我想讓各位看看，為何努力擺脫某種念頭沒有用。跟我一起嘗試這個實驗。不要去想一隻毛茸茸的白熊。真的不要去想一隻在天寒地凍的北極緩慢移動的大白熊。不要，絕對不要去想牠。想什麼都可以，就是不要去想那隻大白熊。

　　所以呢？結果怎麼樣？是不是跟我猜得一樣？你的腦海中到處都是白熊？

　　哈佛心理學教授韋格納（Daniel Wegner）在歐洲旅行時碰巧看見杜思妥也夫斯基文章裡的句子，進而用實驗調查這個現象：

　　「努力讓自己不去想北極熊，北極熊卻像詛咒一般，無時無刻不出現在腦中。」

　　韋格納決定在實驗室裡研究這個現象。他發現要求人們壓抑去想白熊的念頭，反而讓這個念頭更強烈，出現的次數更加頻繁。不僅如此，試著壓抑腦中的白熊時，代表人們必

須要先去想白熊，才能確認自己沒有在想白熊。

　　你大概猜到我接下來要說什麼了。我們越是刻意壓抑某個念頭，其反彈的力道就越大。你越是想擺脫「我好失敗」「我好醜」「我好胖」「我好沒用」「我沒救了」的念頭，它們越容易一再出現，給你當頭棒喝。當你努力不去想這些事，你就得先確認自己沒有在想這些事，這代表實際上你正在做你努力不去做的事。

🍃 認知糾結

　　像這樣完全受到自身想法的糾纏，叫做認知糾結。你困在自己的想法裡，就像老鼠被黏在黏鼠板上一樣。認知糾結會阻止你在人生中採取行動，就像被黏住的老鼠一樣。你的想法（無論它告訴你能做或不能做些什麼）在人生中扮演發號施令的角色。當你處於思考糾結的狀態，你就不是活在當下，因為你太專注於想套牢（CAGE）這些想法。這表示你並

沒有活在當下，沒有實踐自己的價值觀，也沒有採取有效的
行動來做出改變。

🍃 可那是真的呀！

　　聽著，在外在世界中，我們都很關心什麼是真的，什麼
是假的。這是件好事。看見交通號誌的紅燈並想著「我不會
闖紅燈」是一件好事。提醒自己要繳稅也是很明智的事情。
你懂我的意思。

　　關鍵是要記得，你的想法是否真實並不重要。請用一
分鐘的時間好好品味這句話，因為大多數人都很難接受這件
事，只會哀號地說：「可那是真的呀！」

　　當這個想法是關於評價、論斷、意見、原因和批評，我
們須要放下它們是否真實的念頭。舉例來說，你覺得公開演
講讓你感到很焦慮。這可能是真的。在理想的情況下，如果
這個演講對你來說很重要，你會採取具體的做法來加強演講

技巧。但更常發生的情況是這樣的：

「我不擅長公開演講，我太緊張了。明天要在老闆面前報告，我知道我一定會失敗，我可以想像自己面紅耳赤、結結巴巴的樣子，我的同事會在旁邊偷笑，尤其是 IT 部門的凱莉。我真是失敗又沒用。這樣我鐵定沒辦法升遷。我受不了這種感覺。或許我之後就會被裁員，接下來一定會有好幾輪裁員。如果繳不出房貸怎麼辦？在找到新工作之前，靠存款可以活多久？我最好研究一下是否可以中斷房貸。雖然我現在應該要準備明天的簡報，但還是趕快在 Google 上查一下吧。或許我須要回去跟父母住一陣子。天哪，如果我搬回去跟父母住，大家會怎麼說我？他們會覺得我是個失敗者！他們是對的！我感覺糟透了。我明天早上要打電話請病假。」

那麼，我們是如何從準備報告聯想到搬回家跟父母住，在閒置健身腳踏車旁的空房裡面睡覺？因為我們糾結在了自我批評和論斷中。在這個例子中，或許你真的對公開演講感到很緊張，或許你能進步，但糾結此事很快就會導致一連串

自動導航的想法，把你推向絕望，大幅限制你採取加強簡報技巧的有用行動。短期來說這有用。逃避有用。你會稍微感覺好一點。但即便你不是個天才也能明白，如果不斷逃避這些事，長期下來，你的人生會變得狹隘且受限。而我知道那不會是你想要的，因為你正在讀這本書。

🌿 有別的方法

但聽著，我有個大消息。你不須要聆聽心智告訴你的每件事，也不須要套牢（CAGE，控制 control、避免 avoid、擺脫 get rid of、逃離 escape）腦袋裡發生的事情。我知道這很瘋狂，對吧？但這對我們來說是個啟示。我將這點告訴那個揮舞著雙臂、跟自己說話的朋友後，她也覺得這非常有幫助……

學著管理想法並改變你與想法之間的關係，是比套牢（CAGE）更好的方式。瞭解這一點很重要。你可以有想法，

但不用相信它。亞里斯多德寫過：「能包容一種觀點而不接受它，是受過教育的象徵。」記得這一點。背誦亞里斯多德的名言，總能派上用場。經過練習後你也能這樣做。

　　將你的想法當作晚餐派對上討厭的客人。你不想邀請他們，但他們跟同事布吉特一起前來，現在你擺脫不掉他們。現在，你可以花所有時間瞪著他們，希望他們能離開（但他們不會），但這也代表你無法以想要的方式照料其他賓客。或者，你也可以採取不同的做法。面對不喜歡的賓客，你可以選擇做一個好主人，即使你不想。仍可以拿出禮貌和最迷人的微笑，給他們一杯美味的雞尾酒和開胃菜小點心（我得說，這樣的晚餐派對真是精緻），然後繼續與其他賓客聊天，確保每個人都有美好的夜晚。比起暗中計畫如何將不請自來的賓客鎖在樓下廁所，同時忽略其他等著你拿著迷你威靈頓牛排、過去問候他們房子裝潢得如何的朋友，這是度過晚餐派對更好的方式。這也適用於你不想要的想法。稍微跟它們打個交道，用不著把它們丟出去。

🍃 拆解想法炸彈

那要怎麼做呢？傳統的認知方法是找到支持和反對該想法的證據，這雖然有用，但你可能會困在勸退自己的循環中，而且無法脫離你的心智，尤其是面對自我評斷的時候，心智總會找到一些新的方法來折磨你。

答案是在思考者（你）和你的想法之間創造空間。接著你可以選擇要如何處理那些想法，而不是被想法霸凌。我可以誠實地說，如果你能學會有效管理自己的想法，你就可以改變整個人生。你（不是你的想法）將成為自己的主人。

為了在你和隨處爆炸的想法之間創造空間，你須要拆解它們。拆解想法代表讓想法失去力量，或是不再糾結於那些想法。記得，重點不是要判斷這些想法是否真實。

下方整理了一些我最喜歡的拆解練習。這些練習的目的是幫助你退一步觀看全局，看看相信這些想法是否能讓你更靠近生命的價值觀（通常是遠離）。有時候可怕的想法會

消失。請把這個當作解離的副作用，而不是主要目標，不然很快你就會開始怨恨地詛咒我，為什麼不能消除你的想法。你要問的應該是：這個想法是否能幫助我採取行動，過上豐富、有意義的重要人生？

那麼，請穿好你的思想拆彈裝備，繼續讀下去。

🍃 擁有想法

這是我最喜歡用來拆解自我評斷和評價的方法之一（海耶斯等人，Hayes et al.，1999 年）。現在試試看。

- 召喚心智想出的一個很負面的自我評斷。那或許是「我是個失敗者／騙子／胖子／沒用的人」，你可以盡情發揮。
- 用三十秒到六十秒的時間，讓這個評斷的毒牙伸向你。注意到你相信這個想法時，你的感覺如何。

- 現在，在你的評斷前面加上「我現在有……的想法」。所以會變成「我現在有我是個輸家／失敗者／騙子的想法」。如果可以寫下來會更好。
- 要達到解離忍者等級，請試試看以下句子：「我注意到我現在有……的想法」。

最後你得到的結果會是這樣的：

- 我是個騙子。
- 我現在有我是個騙子的想法。
- 我注意到我現在有我是個騙子的想法。

你注意到了什麼？你和想法之間是否產生了距離？你是否覺得較不受到想法的糾纏？現在你有了空間，它能為你帶來什麼不一樣的自由？

36

🍃 感謝你的心智

有時，我感覺心智會不斷打電話騷擾我，像是那些打市內電話給你的人（我懂），他們好像認為你最近遭遇到了意外。你的心智也使出相似的伎倆，但透過學會感謝它的辛勞，而不是與之對抗，你可以從中解離（哈里斯，Harris，2008 年）。還有，學著為你的心智取個名字，為你的解離練習提供動力。

心智：嗨，是我。我猜你正在擔心。

你：嗨，席拉。謝謝，但我沒事。感謝你想幫忙，你的末日偵測天線又大又靈敏，但交給我處理吧。

心智：哈！那是沒用的。你不可能這麼輕易就打發我。如果你現在不殷切地擔心未來和正在逼近的厄運，到明天早上之前你就會完蛋了。

你：謝謝你提供這個想法，席拉。我完全理解你是想幫

忙。你還有什麼想補充的嗎？

心智：嗯……對……讓我想一下……

你：聽著，小席拉，我還有事要做。待會聊，好嗎？

唱歌和搞笑的聲音

這是用來減少想法力量的另一個方法。大聲唱出困擾你的想法（海耶斯與史密斯，Hayes & Smith，2005 年）。很多人喜歡用〈生日快樂歌〉的曲調，但我覺得用〈媽媽咪呀〉也不錯，選什麼曲調都可以。用不同的速度唱歌，看看這對想法有什麼影響。

同樣地，你可以用電影、卡通角色或公眾人物的搞笑聲音說出想法，例如豆豆先生的聲音。我覺得他的聲音正適合用在這個技巧上。試著用豆豆先生的聲音說：「我失敗透頂。」看看這會如何改變你和想法之間的關係。

這不是在嘲笑自己，你只是在試著看清想法只是想法，

不是你上山要背負的戒律。

檸檬

　　一百多年前，一位名叫愛德華・鐵欽納（Edward Titchener）的心理學家發現，字詞會因為不斷被重複使用而失去意義。他用「牛奶」這個詞進行測試，但我喜歡用「檸檬」這個詞或是叉子。仔細想想，叉子（fork）真是個有趣的詞彙。

　　現在試著大聲說檸檬這個詞四十次。我希望你現在不是在搭公車。結果怎麼樣？我相信檸檬這個詞已經變成了一連串沒有意義的聲音。當發生這種情況，字詞也會逐漸失去聯想力與情緒張力。

　　或許你不會對檸檬、牛奶或叉子產生任何不好的聯想或情緒，但如果是對那些你用來批評自己的字詞，像是「笨」「胖」「沒用」「壞蛋」等，情況就不一樣了。

　　現在，用自我批判的字句，再做一次這個練習。至少重複四十次，直到這些字句失去情緒的力量。你不是要讓自己相信這些批判是真是假，只是要試著抽離自我批判的字詞的力量。

　　你注意到了什麼？這些字詞的力量是否有所改變？如果你覺得這個方法有用，試著在一週內練習個幾次。但我可不建議你在跟老闆開會時默念：「真是失敗。」

🌿 與想法同行

　　在一小張紙上寫下困擾著你的想法，並放在零錢包或皮包裡（海耶斯與史密斯，2005 年）。這個想法可能令人沮喪或痛苦，但你要問自己的問題是：「我是否願意帶著這個想法一同前進，看清楚它原本的樣貌？」這些字句不能決定你能做什麼、不能做什麼。我的皮夾裡有一句話是這麼說的：「我是個糟糕的心理治療師。」或許這是真的，或許不是，

但我仍然每天去上班,試著幫助別人。當這個想法出現,我
會想起皮夾裡的那張紙,我認可有這件事,並繼續做對我來
說重要的事。那只是個想法而已。

🍃 腦中的電影院

目前為止,我都專注於探討想法,當然也有很多人不只
是用文字來思考。我們會看見鮮明的影像(白日夢、幻想、
回憶),這些影像帶來的糾纏就跟想法一樣多。

相較於文字,影像對大腦產生的影響更加強烈。比起用
文字思考某事,在腦中看見鮮活的影像會讓你感受到更強烈
的情緒。

就像想法一樣,影像可能會在你腦中揮之不去,或許你
的大腦會重複播放你和伴侶間不愉快的回憶,讓你感到毫無
希望且沮喪,大腦也可能會創造出一部鮮活的電影,讓你看
見自己失去工作、家庭、孩子、寵物倉鼠,直到你被焦慮淹

沒。基本上，你的心智喜歡預測末日（記得，心智只是想當你的朋友，確保你安全無虞），在你的腦海中用華麗明亮的色調播放電影，標題則寫著大大的：「快點想想辦法！」

　　就像甩掉不想要的想法，你很可能曾甩掉過不想要的影像。或許這個方法在短時間內有效，想法和影像會消失一陣子，但從我們毛茸茸的白熊朋友身上，你應該也瞭解到，這些東西將會以更高的強度和頻率回歸。與其浪費你寶貴的精神能量壓抑想法和影像，試試看以下這些技巧，讓自己不再被腦中播放的電影所糾纏。

　　還有，請記得，你不是因為不想要這些影像，所以要擺脫它們，你只是要試著看清楚它們的原貌。

　　請注意，如果你正因為過去極具創傷性的影像所苦惱，像是虐待、暴力或攻擊，那麼我強烈建議你尋求專業協助，不要嘗試用以下的方法處理這些侵入性的影像。

電視螢幕

想像在電視螢幕上或手機上播放困擾你的影像（哈里斯，2008 年）。現在，你可以隨心所欲地玩弄這個影像。把畫面調成黑白、上下顛倒或模糊的影像。快轉或用兩倍速倒轉。目標不是讓這個影像消失，而是讓自己明白，這只是個無法傷害你的影像。

製作預告片

想像你在電影院看一部由這些影像組成的預告片。把它製作成一部非常俗氣的片子，加上浮誇又荒謬的配音：「這一次，海倫會經歷慘敗，失去所有她珍惜的東西。這些事即將發生在你周遭。」

投射影像

想像你的影像隨處可見，投射在牆上、廣告牌或客廳裡的一件藝術品上。

🌿 我有必要放下一切糾結嗎？聽起來是個困難的工作……

你不須要放下一切糾結。事實上，思想糾結也可以很有趣，像是在閱讀一本書或看電影的時候。你想要與之糾纏，沉浸其中。為什麼不呢？只要這件事不影響你按照自己的價值觀過生活（我將在之後的章節討論這個問題），要怎麼糾纏都沒問題。看著路克（Luke）要摧毀死星（Death Star），然後告訴自己這不過是一堆塑膠模型，遙遠的銀河根本不存在，這樣就不好玩了。你想要完全沉浸在其中，相信你是個絕地武士（Jedi），能用原力召喚咖啡桌旁邊的遙控器。但是如果你真的以為自己是絕地武士，所以不再去上班、不再跟你的家人或朋友講話，而是整天用鞋盒跟錫箔紙打造真實大小的 X 翼戰機，就有點問題了。

一個好的判斷準則是，當某些想法不再對你有幫助，而且無法幫助你成為你想成為的那種人，就可以考慮從這些想

法中解離開來。相信這個自我批判的想法能激勵你更努力工作嗎？或許在短時間內可以，但通常無法持續太久。或許你的工作表現可以更好，或許你可以成為更好的伴侶或朋友。但如果你真的想做出改變，問自己哪些方法能讓你採取行動。你要糾結於「我好糟糕」？還是要從這個想法中解離開來，採取有意義、價值觀取向的行動來改變人生？

淺談正向思考

　　說到這裡，很多人或許會瞇起眼睛，滿腹質疑地看著我，他們要不是想問：「那正向思考怎麼樣？」就是會說：「受到肯定會讓我好過一些。別拿走讓我感覺良好的東西。」沒錯，有時這兩者能讓你感到好過一點。一切都取決於實際情況，像是你使用它們的時機和原因。有時候糾結於「我根本是停車大神」或「我面試表現得超完美」等想法是沒關係的。但你也可能糾結到一種不健康的程度，像是「我

就算喝醉酒也超會開車」，或是「我是個優秀的外科醫師，所以不須要遵守規則，可以非法摘取器官。」一個唐納‧川普就足夠證明不健康地糾結於「正向思考」是什麼樣子。

　　重點在於：你所糾結的想法，是否能幫你過上想要的生活，成為你想成為的人？如果正向思考對你有用，你可以這樣做，但不要太超過。通常，強迫性的正向思考是掩飾黑暗困難感受和情緒的方式。猜猜會有怎樣的結果？長期下來，並不會有什麼好結果。

核心觀念

　　如果你改變了與腦海中想法、回憶和影像之間的關係，你就能改變你的人生。學習將它們視為認知的事件，而不是獨裁者的命令，這麼做可以讓它們失去力量，為你帶來極大的自由。

第三章

如何更懂得感受

「我們的感受是通往知識最真實的道路。」

奧德雷‧洛德（Audre Lorde）

　　你想要「感受**更好**」（feel better）還是想要「更懂得**感受**」（feel better）？前者只想感受到「正向情緒」，後者則是想感受所有出現的情緒，不管好的壞的，都是為了體驗豐富完整的人生。猜猜我要跟你講的是哪一個？韌性不是避開情緒，也不是完全受到情緒控制，而是變得有彈性，用你認為重要的方式去做出行動。無論今天世界把什麼情緒丟向你，用幾秒鐘的時間，想像你可以為任何情緒（焦慮、悲傷、內疚、幸福、歡樂、沮喪、不耐煩）騰出空間，繼續做

你覺得重要的事情。接著，讓我們繼續閱讀來瞭解如何開始
建立持久韌性。

🌿 情緒：內幕

　　情緒來自你的中腦（midbrain），是一種複雜的生理變
化。某件事情發生時（可能是內部的，如記憶、想法，或是
外部的，像是與某人吵架或聽到壞消息），大腦會將其記錄
為某件須要注意的事情，然後讓你準備好回應並採取行動，
但這一切在你準備好說「我沒事！你呢？」之前就發生了。

　　人類總共有多少種情緒，是個充滿爭議的話題，但我們
可以假定人類有六種基本情緒：

- 恐懼
- 憤怒
- 厭惡

- 悲傷
- 驚訝
- 歡樂

　　你喜歡哪一個？歡樂？我也是。驚訝或許還可以，如果是「我在沙發底下找到一顆鑽石！」那種驚訝，而不是「老天啊！我的鞋子裡有隻蠍子！」那種驚訝就可以。至於其他的嘛，並不怎麼樣，但這是我們經歷過演化後能感受到的情緒。這不是件壞事，因為情緒能幫助我們存活下來。你知道最奇怪的事是什麼嗎？我們都很渴望去感受。我們尋找會讓我們產生特定感受的經驗，像是看喜劇來感受歡樂，看恐怖片來感受恐懼，看 E.T. 來感受難以言喻的荒蕪和空洞感。誰沒有聽過 Joy Division（歡樂分隊）的音樂，感覺與他們的悲傷合而為一？透過音樂、藝術或文學來尋找感受是人類的基本需求，但只有在能控制暴露在情緒中的分量和方式時，我們才喜歡這樣做。真正的問題不在於情緒本身，而是當我們

試圖擺脫情緒，它卻無預警地出現。

乾淨痛苦 VS 骯髒痛苦

關於幸福的假消息很多。或許最常見的假消息是，人們的正常狀態應該是快樂。如果你再看一次上面的清單，會發現好的感覺並不多，對吧？清單上超過30％的情緒會被歸類為「負面」情緒。人類不是靠著悠哉快樂才存活下來的。感受到所謂「自然且正常」的負面情緒時，可能是完全恰當的，但我們仍覺得應該擺脫它。想像你失去工作、剛結束一段戀情，或父母得了不治之症，在這樣的情況下感到悲傷、焦慮、害怕不是很正常的嗎？把這個當成「乾淨」痛苦，也就是正常的情緒痛苦，是生而為人本就會擁有的。問題是，當你試著以沒有效的方式套牢（CAGE，控制、避免、擺脫、消除）「乾淨」痛苦，就會創造出一種新的痛苦，叫做骯髒痛苦。當你用增加痛苦的方式來消除乾淨痛苦，就會感受到

骯髒痛苦，或許你會開始避免進入一段關係、過度飲酒、暴飲暴食以讓自己好過一些，或是封閉自我，使人生變得侷限。諷刺的是，這些你用來控制原始乾淨痛苦的事情，開始控制並限制你的生活。現在你不只有原本的乾淨痛苦，如結束一段關係後的悲傷，還加上新的骯髒痛苦，像是酗酒問題，而那很可能讓你原本的情緒痛苦變得更加嚴重，更加遠離自己想要的人生。你可以這樣想：如果你允許自己在人生中有在乎的事情，乾淨痛苦是無可避免的。如果你有更好的方式可以處理乾淨痛苦，就不一定要選擇骯髒痛苦。

🍃 情緒是沙灘球

請容我分享一個思考情緒很有用的方法（杰普生，Jepsen，2014 年）。在度假的時候，你是不是會在泳池旁邊伺機而動，想把沙灘球壓到水裡面？把沙灘球壓在水裡需要很大的力氣，對不對？同時你也沒辦法做什麼別的事。你放

手的時候會怎麼樣？球會彈出水面，用更大的反彈力打到你的臉，在泳池邊休憩的人們會嘲笑你，你還要假裝自己本來就想這麼做一樣。

如果你想浪費人生，請這樣做

如果推開不喜歡的情緒，你要不是 a) 會受到沙灘球迎面襲擊你的臉，不然就是 b) 會浪費你剩下的人生，把精力都花在擺脫不想要的感受上。我們將這種擺脫情緒的嘗試叫做「經驗性迴避」。這指的是不願意接觸令人沮喪的內在經驗，即使這麼做會造成長期性的折磨。

我越想越覺得推開心中反覆出現、不想要的情緒，會帶來許多不必要的折磨。沒錯，用來避開情緒的策略在短時間內有效，所以我們持續這樣做，直到這些事情逐漸侵蝕你的生活品質，使你遠離珍視的事物。

我們這樣做並不稀奇，畢竟很少人知道如何用有效的方

式處理情緒。我懷疑學校在星期一早上的兩堂數學課之後，是否有教「接受情緒」課。看起來，人們要不是選擇用正面情緒凌駕於負面的情緒之上，就是完全抹滅它們。

🌿 套牢自己

你會做下列哪些事情來套牢（CAGE，控制、避免、擺脫或消除）自己的感受？

- 喝酒
- 用藥
- 飲食
- 性愛
- 運動
- 看電視
- 上網

- 批評自己
- 責怪別人
- 避免親密關係
- 積極的自我肯定

　　這個清單並不詳盡，歡迎各位補充自己獨特的處理策略。當然，偶爾做這些事情沒問題，我跟其他人一樣，也喜歡坐在電視機前面往嘴裡塞滿巧克力。但是當這些事情成為你面對情緒的自動導航模式和習慣，而且你還過度使用了這些方法，問題就產生了。這些策略在短時間內都有效（這也是為何我們持續這麼做），但只要認真檢視這些行為就會發現，無論是對身體還是心理健康來說，長期的後果並不那麼美好，因為這些制式的應對策略很可能讓人遠離真正重要的事物。

你的情緒歷史

問問自己在人生中（尤其是孩童時期）學到了關於情緒的哪些事可能會有所幫助。請思考以下問題：

- 你有哪些情緒是受到禁止的？
- 你曾公開表達過哪些情緒？
- 當你心情不好，身邊的大人會做些或說些什麼？
- 當面對困難的情緒，你身邊的人會採取什麼應對策略？
- 面對困難情緒時，你是否仍在使用多年前的應對策略？

沒有完美的「情緒」教養這種事，所以不要覺得有人能過著完美的人生，一輩子順風順水，不會受到情緒的襲擊。有些事情學了有用，有些沒用。這些問題只是幫助你開始理解自己可能抱持的評斷，還有這些評斷是否對你有幫助。

🍃 問自己這個，而不是……

你要問自己的關鍵問題是：

「為了過上自己想要的人生，我願意感受到什麼？」

而不是：

「我要怎麼樣才能停止這種感覺？」

沒有人能完全控制自己的情緒，只能偶爾影響或稍微避免情緒產生，唯一能控制的是，情緒出現時可以怎麼做。

想像你身上有兩個指針。第一個是情緒痛苦指針，它會根據生命中發生的事浮動。沒獲得升遷、孩子生病、小狗過世，都會讓指針的痛苦程度跳到一百分。只要你生命中有在乎的人事物，你這輩子就一定會經歷情緒痛苦。想像這個指

針緊緊地貼在你的背後，無論你怎麼施展軟骨功，都摸不到它，也不能調整它。

　　現在想像你的前手臂上有另一個指針，這是你的意願指針。這個指針決定了你願意感受到某種情緒的程度，無論是什麼情緒，你都可以輕易地觸摸到並調整它。你可以完全控制這個指針。現在你有所選擇。當某件事無可避免地發生了，觸發了你不想要的情緒，你可以選擇把自己整個人翻過來，試著控制背上的指針（就算你碰到了，長期下來也無法改變你的情緒），或是你可以加強開放性指針的功能，接受你的情緒。

🍃 接受不是什麼？

　　在把這本書丟出窗外、大吼著「我是在告訴你人生後半輩子都會感到悲慘」之前，先聽我說。

　　接受情緒不代表要忍受情緒、咬緊牙關撐下去。接受不

代表要忍氣吞聲、將就、撐住、逆來順受、將錯誤歸咎於自己、屈服、放棄或壓抑。以上行為都意味著你須要在某種程度上改變自己的內在經驗，但這不是接受。

接受情緒代表為浮現出來的情緒提供空間，即使你不想要、不喜歡或不贊同這些情緒。接受代表願意感受自己的情緒、敞開心胸、適應、騰出空間、感到好奇，無論出現什麼情緒都能夠騰出空間包容它。這樣做的理由是什麼？這樣做之後，你將可以採取和價值觀相符的行動。即使有感到不舒服的情緒，你依然可以去做你認為重要的事，因為你不會浪費精力，試著套牢（CAGE）你的情緒。

另外，接受也不代表要接受霸凌、虐待或不公義。接受代表在面臨這些情況時，騰出空間以做出改變。但壓抑你的怒火或恐懼，可能會讓你停留在更糟糕的情況中。若在臉上擠出笑容然後說：「一切都很好啊！」但是內心卻感到極度痛苦，並壓抑這些痛苦及它想傳遞的訊息，那麼這個情況對你來說並不好。為這些情緒騰出空間，做些事情來改

變它，或許能大幅改善你和他人的人生。想像納爾遜‧曼德拉（Nelson Mandela）、羅莎‧帕克斯（Rosa Parks，美國黑人民權行動主義者）、艾米琳‧潘克斯特（Emmeline Pankhurst，英國社會運動者）從未聆聽過他們痛苦情緒的聲音，現在會是什麼樣的光景？

🌿 智慧嚮導

　　與其將情緒當作須要被控制的討厭東西，不如將其視為智慧的嚮導，告訴你在你內心深處最重視什麼事。你的痛苦感受一定蘊含著某種智慧，告訴你什麼事情對你重要。如果是你根本不在乎的事情，你根本不會感到難過、生氣、害怕或沮喪。

　　想像自己是名法力高強的巫師，是霍格華茲裡的模範生，可以施展一個厲害的咒語，讓自己感受不到悲傷、害怕、焦慮、沮喪、不耐煩或任何你不喜歡的情緒（妙麗·格蘭

傑，我比妳強多啦！）但是同樣地，這個咒語會讓你感受不到快樂、幸福、愛、滿足、愉悅或任何你喜歡的事物。你會選哪一個呢？大部分的人會告訴我，如果是這樣的選擇，那他們不想要這個奇怪的咒語。大多數人不會想過著毫無感覺的人生。反之，大多數人會想以更好的方式管理這些感受，不讓這些感受阻止我們過上想要的生活。

🍃 不要抗拒，掌控方向

與其和情緒對抗，不如學著掌控它們。練習為情緒創造空間，能讓你學會掌控情緒，而不會掙扎不已。試著每天練習一點，記得不須要隨時都接受每一種感覺。有時我們需要一點分心和逃避，但如果你總是在逃避某些感受，請試著為這些感受騰出空間。

解離

　　不是人人都可以接受「痛苦情緒可以讓人學到東西」這個想法，或許你現在正咬牙切齒地讀著這一段。但這正是上一章解離技巧能派上用場的時候。注意到你的心智在說：「我絕不可能那樣做的，瘋女人。」你可以感謝它的辛勞，繼續採取行動做這個練習。請記得，狡猾的想法可能會浮現，像是：「我為什麼會有這種感覺？」或是「我出了什麼問題？」或是「為什麼我會有這種感覺？」此時可再一次使用解離技巧，與心智拉開距離然後繼續下去。

注意

　　你可以在身體裡感受到情緒，注意到這些情緒是你要做的第一步。讓我們快速做個掃描，注意到身體裡有哪些感受，這些感受儲存在哪些地方。這只需要幾分鐘，如果想要，你也可以延長時間。目標不是要放鬆，而是確認身體裡的感受。

- 閉上眼睛，做幾次深呼吸。

- 注意身體與椅子接觸的地方，或是接觸地面的雙腳。

- 注意呼吸和吐氣的感受。

- 注意空氣進入你的身體和胸腔，同時注意呼吸時胸腔的起伏。

- 現在看看你是否能注意到經常想要避開的感受，或許是悲傷、內疚、恐懼或焦慮。如果沒有任何感受，回憶你最近一次感受到的不良情緒。試著鮮明地回憶、感受當時的情緒。

- 從頭、脖子、肩膀、胸部、肚子、手臂、雙腳到腳底，掃描全身，看看身體有哪些感受是你希望擺脫的。

標籤命名

你現在感覺到了什麼？告訴自己：「我現在感到焦慮／沮喪／惱怒」，答案越完整越好。

這看起來很容易，但實際上，我們很少花時間注意感受

並為它命名。如果你沒有這個習慣，學習為感受找到適當標籤的過程，能為你帶來力量。當出現特定情緒，看看你是否能瞭解身體內在的感受，是否有某個情緒特別不同？悲傷對你來說是什麼感覺？悲傷的感覺與無聊或沮喪有什麼不同？學著瞭解你的情緒感受起來是怎麼樣的。

探索

　　角色扮演的時間到了，但不是奇怪的那種。想像你是個科學家，在體內的感受中航行（我喜歡想像自己是愛德華時代的淑女，戴著大大的帽子，用網子收集東西），而你以前從未見過這樣的情況。問自己：

• 我在身體的哪個部位感受到這個情緒？
• 如果我要畫一個輪廓，會是什麼形狀？
• 它是什麼顏色？
• 它是什麼材質？

- 它有沒有溫度？是冷還是熱？
- 它是靠近表面還是在內部深處？
- 它是移動的還是靜止的？
- 試著注意情緒擁有的其他物理特徵。

呼吸

當你注意到某個情緒擁有的特徵，試著用呼吸包圍這個感受，騰出空間讓感受存在於那裡。想像你在這個感受周圍擴張，為其騰出空間。你不須要做其他事情，只要試著與感受共處。

成為天空

在這個練習中，想像力是你的好朋友。你是天空，天氣代表你的心情（哈里斯，2009 年）。天氣時好時壞，而且不斷改變，但天空總是可以包容它。就像天氣永遠不能傷害天空，無論暴風雨有多麼強烈，你的情緒也不能傷害你。這些

情緒讓你不舒服嗎？沒錯。不想要這些情緒嗎？沒錯。是意料之外的嗎？沒錯。本身會傷害人嗎？不會。

溫柔以對

　　如果你一輩子都在做相反的事情，現在要求你開始包容情緒並不容易，但這也能成為充滿力量的體驗，所以練習時，對自己溫柔一點。浮現出困難的回憶和想法是很正常也是可以預期的。試著觸碰這些痛苦的經驗，看看它們想告訴你哪些事情對你來說是重要的。想像你能溫柔地包容情緒，就像承接著脆弱的蝴蝶或是哭泣的孩子。

感受可能會改變，也可能不會

　　如同從想法中解離開來一樣，接受情緒有一個很好的副作用是 —— 不好的體驗可能會消失。你當然會喜歡這樣的結果，但別期望每次都會發生這種事，也別把它當成你的目標，否則你會回到不能接受情緒的態度。感受改變很好，不

改變也很好。

🍃 衝動衝浪

　　情緒有時會讓我們感到有衝動去做某件事,而且通常不是為了改變經驗或是所處的情況。我們經常會向衝動投降,像是吃家庭號巧克力棒、喝第三杯馬丁尼、向煩人精大吼或是在網路上看大貓熊(呃,我聽說有人這樣啦),而不是做其他對我們來說重要的事。結果是當我們屈服於衝動,不想要的感受消失了,我們就會學會持續這樣做。

　　當然,如果這些行為沒有妨礙你長期過著有價值的生活,那麼大吃大喝、黏在螢幕前看貓熊完全沒問題。但如果你過度這麼做,屈服於每個衝動,那麼我懷疑你的生活應該出了一些問題。

　　我們向衝動屈服是因為我們感覺如果不這麼做,衝動會像海嘯一樣排山倒海而來,然後我們會無法承受。因為我們

接著就會做某件事來擺脫它,所以從來沒機會發現其實海嘯根本就不存在,衝動就像海浪一樣會潮起潮落,打到岸上就會破碎,而且不會影響到你。

抵抗或控制衝動的替代策略是學會衝動衝浪。衝動衝浪是兩位美國成癮心理學家(馬拉特與高登,Marlatt & Gordon,1985)在 1980 年代提出的名詞,他們對於沒幫助的衝動有一些理解。與其試著抗拒或對抗衝動,他們建議我們學會衝浪,看著衝動自然地潮起潮落,就像海浪一樣。聽起來很棒,不是嗎?

衝動衝浪會用到以上的所有技巧。做法是這樣的:

- 注意到體內的衝動。你在哪個部位感受到它?
- 注意到你的心智在做些什麼。它是否在鼓勵你屈服於衝動、說你處理不來,或喚起你滿足衝動後那種舒服的畫面?運用上一章的技巧,從這些想法和畫面中解離出來。

- 為它貼上標籤，說：「我現在有……的衝動。」
- 現在，對著衝動深呼吸，讓它存在於那裡，但不要去攪動它。
- 注意衝動如何消長。衝動可能會增加或減少。
- 注意到你在體驗衝動和採取行動之間擁有的空間。
- 現在你可以選擇回應的方式。問自己能採取哪些符合自我價值觀的行動。

🍃 記得你的原因

　　為這些不愉快、困難和不想要的內在經驗騰出空間，你就是在為了以符合價值觀的方式生活而努力。因為有更好的方式可以獲得刺激，所以你不會讓自己因為衝動暴露於情緒中。接受情緒最棒的禮物之一，就是知道生命中最重要的事情是什麼。當我們談到如何找到生命中最在乎的事物，你的解離與接受技巧就相當重要。

核心觀念

　　無論你感覺到什麼都沒關係。無論你的心智怎麼說，都沒有任何情緒是超出界線的。學會為感覺與身體感受創造空間，能讓你拋棄沒用的因應策略，幫助你成為想成為的人並過上想要的人生。不只如此，透過為自己的感受騰出空間，你選擇了智慧與知識。而知識，是你改變行為的力量。

第四章

如何採納觀點

「認識自己」

德爾菲阿波羅神廟刻文

　　認識自己不只是認識你的想法、感覺和周遭的世界。如果你想採取真正宏觀的觀點，發展出更深層的自我意識來「認識自己」，那麼你須要探入其他東西。我將會在本章討論一些比較深入的想法。那麼，穿上你的黑色高領毛衣、準備一杯濃縮咖啡，點起你精神上的高盧牌（Gauloise）香菸，讓我們開始吧。

🌿 漂流的落葉

首先，跟我一起嘗試這個練習（海耶斯與史密斯，2005年）後，我們再接著聊。

- 找一個舒適的位置，閉上眼，或專注地盯著一個點。
- 想像你坐在緩緩流淌的小溪旁，落葉隨著溪水漂流而過。盡情發揮想像力，描繪這個景象。
- 在接下來的幾分鐘，把腦中出現的每個想法放在葉子上，讓它們漂流過去。
- 無論想法是正面還是負面、糟糕還是美好都不要緊，把想法放在葉子上，看著它們漂流過去。
- 注意到一部分的自己在生出一些想法，然後把它們放在葉子上，同時評斷這個練習還有自己做得如何。
- 現在，注意到有另一部分的你正在注意進行這一切並思考著。

- 注意力分散是很正常且自然的。發現這個情況時,認可並回到練習就好。
- 注意到有一部分的自己可以注意到自己什麼時候分心,並恢復專注力。
- 你會一次又一次地分心,這很正常。只要注意你的想法如何不斷來來去去,但有一部分的自己會注意到這些想法,而且一直存在那裡就好。

　　哇,剛才說了好多「注意」。讓我們來拆解一下。我相信你的腦海中出現了很多東西——你對自己的想法、這個練習、你今天要做些什麼事。這是你的「思考自我」在運作。但你是否也注意到,你能注意到思考自我在運作?這麼後設的說法或許很讓人頭痛,但這還只是剛開始呢。這一部分「注意的自我」並沒有一個常見的名字,我們暫且叫它「觀察自我」。我想你會喜歡它的。

🍃 你的思考自我

　　你的思考自我由你所擁有或體驗到的關於自己、他人和周圍世界的想法、影像、回憶、感受和身體感覺所組成。如同從前幾章中學到的，思考很重要，但太糾結於腦子裡的東西不一定有幫助。思考自我就像是 24 小時新聞螢幕下方的跑馬燈，每件事看起來都像「即時新聞！」我們的腦袋也是差不多的情況，只不過裡面有一連串的想法與影像。大多數時候，你很可能都以思考自我的觀點跟世界互動，而且非常糾結於它告訴你的事情。

🍃 你的觀察自我

　　這點就比較深刻了。無論你是在思考、評斷、評價、回憶、想像或推理某件事情，都有一個分離的自我在觀察著自己一切的心智活動。觀察自我可以注意到你在注意自己的想

法，或注意到你正在觀看或聆聽，就像本章一開始的練習中
那樣。觀察自我也可以讓你注意到自己正在閱讀這本書。當
你在閱讀這句話，它就在那裡。或許你正一邊閱讀，一邊想
著「我好喜歡這本書」或「真是浪費錢！還不如把買這本書
的錢拿來買洋芋片」。做這些事時，你的「觀察自我」正在
觀察著你的閱讀和思考。

　　又或者你發現自己在閱讀時分了心。或許你正在思考要
洗衣服，還是要買更多的番茄罐頭（答案總是肯定的）。當
你注意到自己分了心，並恢復注意力繼續閱讀（希望你有這
樣做，或者你已經跑去分類要洗的衣服了），這是你的觀察
自我所做的事。

　　掌握觀察自我是建立深層自我意識的關鍵，讓你能超越
思考自我所創造出來的觀點。最終，你將能培養出「全局」
（big picture）觀點。下次行銷部門的柔伊請你進行「藍天思
考」（blue sky thinking，如藍天般有創意地思考），讓你感
覺想拿筆戳瞎自己的眼睛時，邀請她去探索觀察自我，就是

在採取全局觀點。然後，當她咬牙切齒地跟你說「不行」，你可以注意一下自己的想法和論斷。如果你注意到她在注意你，恭喜你獲得觀察自我的額外分數。不過，在你被開除之前，我還是不要再說了。

當我第一次知道自己有「另一個部分」，這種感覺就像知道有人在腦中跟蹤我，鬼鬼祟祟地透過心智之窗凝視我，像索倫之眼*1看著我辛苦地穿越人生的魔多*2。但是，一旦習慣這個想法後，你就會明白觀察內在世界能成為你採納新觀點的強大工具。

🌿 你究竟是誰？

如果我請你描述自己，我猜你的回答應該會以一連串的「我是」開頭。**我是個家長、我是個腦科醫生、我有幾個**

---

* 註 1：索倫之眼，小說《魔戒》裡黑暗魔君索倫的標誌。
* 註 2：魔多，小說《魔戒》中黑暗魔君索倫在中土世界的領地。

兄弟姊妹、我喜歡安靜、我經常遲到、我很善良、我體重過重、我很健康、我很害羞等等。

　　這些關於自己的故事或扮演的角色標籤很重要，因為這為我們帶來一種條理感（sense of coherence，或生命凝聚感）。但當我們緊抓著這些標籤不放，問題就產生了。我們可能不會一直扮演現在的角色。如果我們僅以這些角色來定義自己，那我們要怎麼面對這件事？不管這些標籤是好是壞，仍緊抓著它們不放，我們要如何過上符合自己價值觀且有意義的人生？

　　當然，你可以從這些想法中解離出來，接受自己的感覺，就像我教你的一樣。但一邊觀察自我一邊與世界互動，是一個讓自我更穩定且強大的方式，且能在這個狀態中更有效地應對人生的挑戰。

　　你可能還記得，在「如何更懂得感受」一章中，你的想法和感受就像天氣，但我的朋友，你是天空，任何經驗都不能傷害你。這片天空是你的自我觀察，穩定、永遠存在而且

不會改變。許多經歷過創傷的人們都會談到與這部分的自我連結。即使他們受過身體或心靈上的傷害，但仍有一部分的自己是無法被經驗所傷害的。

🍃 成為棋盤

參考下述關於棋盤的比喻（海耶斯等人，1999 年），因為棋盤之喻（Chessboard Metaphor）能幫助你進一步瞭解思考和觀察自我之間的關係。

想像公園裡擺放著漂亮的戶外桌椅，你正坐在那裡參加一場西洋棋比賽，迷人的長者在這裡愜意地度過午後時光。你的負面想法和感受是黑棋，正面想法和感受是白棋。每次出現負面的想法或感受（像是「我很失敗／焦慮／不成功」）時，就試著下一顆白棋（像是「那不是真的，其實我還不錯」）來戰勝它。有那麼一刻，一切都很好。但問題是，只要你下一顆白（正面）棋，你的心智就會下一顆黑

（負面）棋，因為心智就是這樣運作的。然後你就繼續用白棋打黑棋，用正面打擊負面。更大的問題是這場比賽永無止境，不僅棋子無限量，而且棋盤會向各個方向無限延伸。這可不在你的預料之中，你只想要一場好玩的西洋棋比賽，然後在公園附近散步，但現在，你永遠被困在累死人且沒完沒了的內在世界，甚至沒機會停下來吃午餐。

　　與其試著像西洋棋大師一樣擊敗自己的負面想法，不如別把自己當成棋手，而是當成棋盤。你可以讓想法和感受出現並經過，但不須要糾結在這場戰鬥中。你是棋盤，穩定且強壯。你能容納並觀察這場比賽。當你成為棋盤，就有機會做其他人生中更有意義的事情，讓棋子做其他的事。

🍃 跟觀察自我當好朋友

　　「持續的你」（The Continuous You，哈里斯，2009 年）是跟觀察自我成為麻吉的好方法。在這個練習中，X 可以是

你的想法、感受、情緒、身體感覺、衝動、有形的身體和你人生中的所有角色。試著在一天中練習幾次。

1. 注意 X。
2. 有 X 而且你正在注意 X。
3. 如果你能注意到 X，你就不可能是 X。
4. X 總是流動的，且經常改變。注意到 X 的那部分的你並不會改變。

關鍵在於，你的內在世界經常在改變，但注意到這一切的部分從來不會改變，如果你能注意到這一切，那麼你不可能是它，你和它是分開的。

🍃 持續的你

這個練習（辛克萊與比德曼，Sinclair & Beadman，2016

年)有三個部分,是個精彩的三部曲。堅持做這個練習可帶來充滿力量的經驗。先閱讀一遍,然後試試看。

第一部:

- 首先,閉上眼睛,將注意力放在呼吸上。注意呼吸透過鼻孔進入身體的感受,隨著你的吸氣下降到肺部,然後再呼出來。用這個方式呼吸幾分鐘。

- 當你準備好了,回想一個童年時期的痛苦回憶(不是令你嚴重受創的)。或許是被朋友拒絕,或是感到被孤立的時刻。開始注意在這個回憶裡,年輕時的自己看到和聽到了什麼。你的腦中有哪些想法或擔憂?你的身體有什麼感受?出現了哪些情緒?

- 如果你能注意到這一切的想法、感受和情緒,你就不可能是它們。

- 這些想法、畫面、聲音、情緒、身體感覺都會改變和浮動,但注意到它們的你不會改變。它一直都是一樣的,

而且一直在那裡。

- 現在注意到有個人透過年輕自己的雙眼看待這一切。體驗看看當這位觀察者的感覺。你會對這個遭遇掙扎和苦難的年輕自己說些什麼？

第二部：

- 現在，回想一個近期的痛苦回憶。如同你對待年輕的自己，注意腦中發生了什麼事。你感受到了哪些情緒？在身體的哪些地方感受到它？你看到和聽到了什麼？

- 如果你能注意到這一切的想法、感受和情緒，你就不可能是它們。

- 這些想法、畫面、聲音、情緒、身體感覺都會改變和浮動，但注意到它們的你不會改變。它一直都是一樣的，而且一直在那裡。

- 現在注意到有個人透過近期自己的雙眼看待這一切。體驗看看當這位觀察者的感覺。你會對這個遭遇掙扎和苦

難的近期自己說些什麼？

第三部：

- 現在，開始注意這一刻你的腦中發生了什麼事。注意你感受到什麼情緒，在身體的哪裡感受到它。在這一刻，你看到什麼和聽到了什麼？

- 如果你能注意到這一切的想法、感受和情緒，你就不可能是它們。

- 這些想法、畫面、聲音、情緒、身體感覺都會改變和浮動，但注意到它們的你不會改變。它一直都是一樣的，現在和以後都會一直在那裡。

- 現在注意到有個人透過你的雙眼，在這一刻注意到這些體驗。體驗看看當這位觀察者的感覺。這個觀察者陪伴著年輕的你、近期的你，也會陪伴著未來的你。

- 關於你正面臨的痛苦和掙扎，你想告訴自己什麼訊息？

感覺怎麼樣？奇怪？充滿力量？令人不安？我第一次做這個練習時，跟許多人一樣感受到了上述所有的感覺，但現在這成了我與自我連結的重要方式。我想，知道這個深層穩定的自我一直陪伴著自己、將來也會一直陪伴自己，確實給人一種安心感。

就說這很深刻吧。

核心觀念

透過觸碰深層的「自己」，你可以真正開始瞭解自己，超越你為自己貼上的標籤。你可以找到空間，從心智產生的內容中抽身，選擇做對你重要的事。當你能觸碰到真正安全和穩定的部分自我，你就擁有了可隨心所欲運用的無限強大資源。

第五章

如何活在當下

「活在當下的能力，是保持心理健康的一大要
素。」

　　　　　　亞伯拉罕・馬斯洛（Abraham Maslow），心理學家

　　如果你會分心，請舉手。有人嗎？對，你，坐在後面
的那個你。我們都有那種焦躁不安、坐不住的孩童般心智。
我們不是在重複過去，就是在災難化未來。我們很少活在此
刻，也就是所有行為發生的時刻。培養活在當下的能力，能
使你駕馭深層的意識，讓你更有效地生活。

🍃 你的腦袋在哪裡？

　　人類不喜歡活在當下。有個哈佛的研究（基林斯沃與吉伯特，Killingsworth & Gilbert，2010 年）指出，人們普遍會花 47% 的時間思考不是現在正在發生的事情、已經發生的事情，或可能／不可能發生的事情。這位研究者發現，分心程度是測量幸福的絕佳指標，他寫道：「比起我們所參與的活動，心智離開當下的頻率及去向，更適合作為衡量幸福的指標。」你可以從事世上最棒的活動，像是在狩獵旅行中觀看遙遠水坑裡的斑馬、把餅乾放入熱茶裡、贏得奧斯卡獎，但如果沒有活在當下，你將無法欣賞它。聽起來是這樣沒錯。我們很不擅於活在當下，總是夾在過去和未來中間，像是卡在彈珠台上的倒楣彈珠，感覺人生超出掌控，受到隨機的想法和情緒支配。你可能記得心智能穿梭時空的能力比超時空奇俠（Dr Who）還厲害，這是人類獨特的能力，當然它還有比較、評估和評斷的能力。其他動物不會花時間擔心隔壁的

洞穴是否比較值錢？最近洞穴市場暴跌，擴大洞穴真的值得嗎？還有，誰最近剛搬到了靠近路邊的那個鳥巢啊？不斷重複做這些事，可能導致我們對生活產生巨大的不滿。

反芻

　　反芻是指將吃進去的食物吐回口中並再次咀嚼的行為。牛花在反芻上的時間，比真正吃東西的時間還長。過度沉浸在過去，不斷咀嚼同一個事件，就是心理學所說的反芻，基本上就是把過去的事件、傷痛、不公平拿出來不斷咀嚼。當然，偶爾這樣做是正常的。我們想瞭解發生了什麼事，處理它所帶來的痛苦。如果一個好朋友對你不好，你會思考這件事一陣子。如果辦公室裡的同事明明知道你不喜歡，而且你已經跟他說過了，他卻還用了你最喜歡的馬克杯，你大有理由咀嚼這個不公平的狀況。但過度重複咀嚼對處理痛苦沒幫助，只會徒增身心壓力，使你斷開與當下的連結。

擔心

　　如果你不是在反芻過去，大概就是在擔心並且災難化未來。容我再次強調，思考並計劃未來是人類的超能力之一。一點點的擔心是件好事。如果你擔心可能會得到癌症，所以認真為健康檢查做準備，那很好，這是有用的擔心。但如果你擔心到不去看醫生，這就不太好了。擔心是個狡猾的棘手角色，經常假裝成在解決問題和計劃的樣子，悄悄走向你，並向你保證會讓生活更容易。擔心就像飲酒一樣，必須適量且負起責任。

自動導航

　　當你分心，心智會進入自動導航模式。自動導航模式可讓你快速有效地做事，沒有太多有意識的想法或努力。早上起床、沖澡、泡咖啡時不需要深刻的日常反思和意識。「你永遠不須要離開家裡」，這句話雖然偶爾聽起來很誘人，但對心理健康來說通常不是件好事。當我們以自動導航模式心

不在焉地度過大部分人生，問題就出現了。心不在焉的例子
包括：

- 忘記你剛才讀過什麼（難道現在正發生這件事嗎？！）
- 一邊看電視，一邊漫無目的地滑手機、新聞、臉書、推特和 IG？
- 把食物塞進嘴裡，沒有注意到味道或口感的不同？
- 某人正在告訴你一件重要的事，但你沒有專心聽。
- 無法承認不想要的想法和感覺或對其敞開心胸。

　　一直讓心智以自動導航模式運作，不會讓你過上更滿意
的人生。如果你想更有意識地生活，就須要更經常取消自動
導航模式並拿回主導權。

🍃 與此刻連結

擔心、反芻，再加上擅長時空旅行的心智、自動導航和心不在焉的傾向，都讓我們失去了與此刻的聯繫，這真的很可惜，因為此刻就是奇蹟發生的時刻。改變人生的行為存在於此時此刻，不在過去，也不在未來。若你每一刻都能意識到心智、身體和周圍世界，無論你覺得這件事是正面還是負面的，都將能欣賞每一刻的圓滿。

🍃 正念

我敢打賭你剛才一定在想，我還要多久才會提到正念？我知道，最近人人都在談論正念，這不是件壞事，因為有充分的證據顯示，正念能帶來減壓效果。但一般人對於正念有太多的迷思和錯誤觀念，所以就讓我們從認識正念開始吧。

正念是什麼？

為西方受眾介紹正念的喬·卡巴金（Jon Kabat-Zinn），將正念定義為「專注在此時此刻，不加批判的覺察」。

但是呢，這對於心智來說並不容易，因為它最大的興趣就是分心、活在其他時刻並批判看到的一切。但好消息是，你可能也預料到了，重複練習正念能產生極大的減壓效果。

什麼不是正念？

許多人練習正念的方式跟它真正的內涵相差甚遠。正念不是放鬆、分心、正向思考或思想審查。練習正念時確實會感到放鬆，但請把它視為額外的好處而不是目標。練習正念的目標僅是用好奇、開放、不批判的態度，專注在內在和外在世界，以更有效的方式生活。如果這聽起來像是之前說過的解離、接受和採納觀點的技巧，那我要為你的專心打滿分，因為這些過程必然包含了正念。

那麼，你要如何觸碰到這個難以捉摸的當下呢？就是以

正念為基礎，發展並練習技巧。

這裡有些技巧能幫助你開始。

🌿 正念呼吸

這是我認為開始練習正念最簡單的方式。

- 坐在地上，挺直背部，閉上眼睛或專注看一個定點。
- 讓心智跟隨著呼吸。
- 敞開心胸呼吸，注意這個感覺。觀察空氣進入鼻孔，往下進入到肺部。觀察吐氣的感受，還有胸口和肩膀的起伏。
- 當你發現練習分心，只要再次將注意力轉回觀察呼吸這件事上即可。

每天練習幾分鐘。剛開始這樣就足夠了。請記得，正念

不是逃避、分心或放鬆，僅是在觀察。持續將四處遊蕩的心智帶回現在能強化你的專注力。

放下船錨

當你處於情緒風暴中，這是個很好的練習（哈里斯，2009 年）。這個練習能讓你保持內心穩定，選擇要採取什麼行動，而不是直接開啟自動導航模式。

- 將雙腳用力地踩在地板上。
- 坐在椅子的前端，挺直背部。
- 指尖對齊並用力按壓在一起，動動你的手肘，再動動你的肩膀。感受雙臂的活動從指尖延伸到肩胛骨。
- 注意到身體哪裡疼痛，注意到你正在掙扎，同時注意到疼痛的周圍是你可以活動並控制的身體。現在注意你的全身，包括雙手、雙腳和背部。
- 現在，環顧房間，注意到五個你看到的東西。

- 同時注意到三或四個你聽到的聲響。
- 注意到這裡有件令你非常痛苦的事物，而你正在掙扎。
- 注意到坐在椅子上受你控制的身體。
- 注意到在這裡擁有這些感受的你。

當你處在非常困難的情緒風暴中，可以重複做這個練習幾次，直到你感受到比較存在於當下。請記得，即使你感到很不愉快，這麼做也不是為了讓任何事情消失，無論你的感受為何，目的都是存在於當下並採取不同的行動。如果你發現自己經常套牢（CAGE，控制、避免、擺脫、逃避）困難和不想要的想法和感受，這是個注意到並為其創造空間的好方法。

🌿 本書的正念

既然你在閱讀這本書，不妨趁機採取良好的正念心態。

既然花了錢，就要發揮最大的功效。

- 注意到這本書在你手中的重量。
- 注意到你對於繼續閱讀有多麼著迷和渴望，或注意到你有多想把這本書丟到附近的垃圾桶。
- 用全然的好奇心看著這本書，注意到它的顏色和質地。如果你只有一個人，不妨聞聞它。如果你在公共場所，你可以自行決定聞書是不是一個可以被社會接受的行為。
- 注意你的心智對這本書或這個練習本身在說些什麼。發現這些想法，並放任它們潮起潮落，然後將注意力放回書上。
- 試著這麼做幾分鐘後，再用好奇心觀察並注意到你的想法。如果你開始分心，這很正常，只要將注意力拉回來即可。

音樂的正念

這是學習靈活地開啟和關閉專注力非常好的方法（海耶斯，2019 年）。

- 播放你喜歡的音樂，只要有多種樂器聲就可以。
- 設置一分鐘的計時器。
- 首先，專心聽所有的樂器聲，然後將注意力只放在一個樂器聲上。
- 一分鐘以後，將注意力轉移到另一個樂器聲上。
- 將注意力放在所有樂器聲上作為結束。
- 重複兩到三次。

🍃 54321

我在寫書的時候經常會分心，而我發現，這個練習可以讓我更專注，讓我不再熱衷於找藉口告訴出版社和經紀人，

為何我去年沒有寫出任何東西。這個練習使我能活在當下，更快速地繼續任務，而不是掉到反芻的兔子洞裡。這個練習是這樣的：

- 坐下來進行一個任務。
- 因為思考過去或未來而分心。
- 偶爾享受這個過程，但因為一直分心，例如想到各式各樣的末日情境，包括失敗 / 匱乏 / 拒絕 / 死亡等悲慘結局，於是99% 的時間都感覺很糟。
- 注意到發生了這樣的分心，而且顯然對完成任務沒有任何幫助。
- 採取正念的行為，回到當下的時刻。
- 深呼吸。
- 看看四周。
- 說出五樣你可以看見的東西。
- 說出四樣你可以聽見的聲響。

- 說出三樣你可以觸碰的東西。
- 說出兩樣你可以聞到的味道。
- 說出一樣你可以嚐到的食物。
- 重新聚焦並回到任務上。

當然,在某些日子裡,分心的情況會特別嚴重,你可能要重複這個練習,而隨著多加練習,你將能更快恢復專注力。

🍃 正念傾聽

如果你想要加深與他人的關係,不妨多花一點時間培養正念傾聽的技巧。如果你曾經感受過別人認真傾聽你說話的感覺,那麼你會知道這多麼充滿力量。你必須完全處在當下,才能意識到對方所說的內容以及如何與之連結。這不只是不在別人說話時用手機,也是指專注聆聽他們在說什麼。

你不須要無時無刻都這麼做，正常的對話裡會有很多的玩笑，但偶爾如此專注於當下是值得的。以下是一些小訣竅：

- 真心地感到好奇。不要假設你已經知道對方要講什麼，並試圖搶得先機。

- 注意到你的內在對話，但保持在當下。你的目的是存在於當下，但你的心智可能產生一連串的想法、評價和批判。用「我那個時候也是……」或「我知道那種感覺，因為……」這些句子插話，會讓你無法真正專注傾聽別人在說什麼。注意到你的想法，試著將它們當成廣播電台惱人的歌曲。它只是在遠處播放的背景音樂，而你的專注力在這裡。

- 重複對方的話。這感覺很奇怪，但能讓別人覺得被聽見。用你自己的話，或是「我剛才聽到你說……」來總結你聽到的對方說的話。

- 請對方進一步闡述。若希望採取正念的姿態進入這個對

話，就請放下你的評斷和假設。我經常問我的諮詢者：

「我可以確認一下，我的理解是正確的嗎？」

- 提問但別打斷對方。諮商時，我會說：「我可以問個問題嗎？」然後闡述對方的感受、想法、身體感覺，而不只是事實。我不是來法庭作證，而是要深入瞭解某人的經驗。

如果這對你來說感覺很奇怪，那麼你是對的。這感覺確實很奇怪。但你不會一直這樣做，你的朋友們會嚇壞，然後有禮貌地逃離你新發現的超專注聆聽技巧。但當你在乎的人正處於痛苦中，須要你專心聆聽他們的傾訴，這個方法就很值得你一試。

核心觀念

規律的正念練習能幫助你減壓、提升你的專注力和韌

性，誰不喜歡呢？把它培養成是一種態度，而不只是偶爾做的事，就像天氣不好時，你依舊可以整天戴著超酷的太陽眼鏡。請記住，這是接觸當下的方式，是能讓你能更有目標地生活，而不是擺脫厭煩事物的方式。列夫·托爾斯泰（Leo Tolstoy）曾說：「如果有人問我什麼是最重要的建議⋯⋯我只會說：『以上帝之名，暫停一刻，停止你的工作，看看你的周遭。』」這話充滿智慧。但費利斯·布勒（Ferris Bueller）說的話更是無人能敵：「人生過得很快，如果你不停下來偶爾看一看，你可能就錯過它了。」費利斯，說得真好呀！

第六章

如何更懂得生活

「人所擁有的任何東西都可以被剝奪，惟獨人性最
後的自由——也就是在任何境遇中選擇一己態度和
生活方式的自由，不能被剝奪。」

維克多・弗蘭克（Viktor E. Frankl），

精神科醫師與奧斯威辛集中營倖存者

你活著是為了什麼？

現在我們進入到一切的核心—— 你為什麼活著？我猜
你拿起這本書，是因為想知道如何更懂得生活，如何用不同
的方式和生活中無處不在的壓力打交道。或許你想要茁壯

成長，而不只是活著，並且找到那奧妙的「原因」。我們經常用自動導航模式度過每一天。低著頭、豎好領子，持續幹活。當我們抬起頭來，通常是要跟別人比較，看誰的運氣比較好，思考要怎麼樣才能獲得更多東西，讓自己感覺好一點。短期來說，這些東西通常有效，所以我們一直這樣做，但長期來看，這可能會導致人生缺乏目的和意義感。如果你想過上更豐富、有意義、真實和有活力的人生，你須要與某件你可能從沒想過、問過或失去聯繫的東西相連結，那就是你的價值觀。

🌿 價值觀

　　價值觀是幸福安康的祕密武器，在順境時，它能激勵你、啟發你、指引你成長茁壯，在逆境時則能讓你不至於迷失。簡單來說，價值觀是你選擇的人生方向，你可以用它來指引你的生活，將它當作心靈的指南針，幫助你走向正確的

方向。價值觀是你選擇對待自己和他人的方式，也反映出了你內心真正在乎的事物。你上一次認真花時間思考「什麼事情是重要的？」或停下來問自己「我希望用什麼來代表這一生？」是什麼時候？你大概不常這樣做。我們不會問自己或其他人這個問題，但這樣做能帶來深遠且強大的影響。

有些價值觀的研究（柯恩與謝爾曼，Cohen & Sherman，2014；約爾特，Jordt，2017）指出，僅是專注於價值觀，就能避免少數族群學生內化有害的文化推定（cultural presumption），像是他們無法在學業上表現得跟同儕一樣好。

這個介入行為非常直接。研究要求非裔美籍和拉丁裔學生分辨出他們在人生中重視的東西，用十到十五分鐘寫下這些事物。他們寫下的價值觀涵蓋各種範圍，包括家庭、友誼、音樂、政治、創造力、舞蹈和宗教。就是這樣，很簡單，不用什麼花招，只需要一點想法，一張紙和一支筆。那麼，研究人員從這個簡單的介入行為中發現了什麼呢？他們

發現，在接下來的日子裡，這些學生與其他白人學生的學業成就差距縮短了。在星期一早上的生物課之前，只花幾分鐘的時間讓他們專注思考什麼事情最重要，這真是值得。

實驗室研究也顯示，有「理由」地做某件事能產生顯著的效果。在史密斯等人（Smith et al.，2018 年）的研究中，受試者首先被要求進行泡冰水任務。要完成這項任務，受試者須要將雙手泡在冰凍的冷水中長達五分鐘。接著，受試者可能會被分配到一個價值觀條件組，用三十分鐘的時間專心瞭解價值觀與泡冷水任務的關係，或是被分配到控制條件組，觀看世界奇觀的幻燈片。接著，他們會再次進行泡冷水任務。研究人員發現，即使兩組受試者的疼痛感相同，專注在價值觀的受試者對於急遽疼痛的耐受度更高。換句話說，價值觀的介入行為並沒有降低主觀的疼痛感，卻改變了受試者對於痛苦的回應。簡單來說，有了忍受疼痛的「理由」（因為他們找到了自己的價值觀），使一切都變得不同了。現在，容我澄清一下。我不是在鼓吹你把雙手泡到家裡

附近冰冷的水坑裡，或是面向天空等待啟示。除非你是海岸警衛隊的成員，或你喜歡在冰水中洗碗，不然把手伸進冰水中沒什麼用處。然而，我想請你思考的是，如果你有個「理由」，這會開啟哪些可能性？為服務價值觀而行動，你將能接受什麼——焦慮、恐懼、被拒絕的風險？如果你有價值觀，你就有個為什麼，那麼你在追求有意義和活力的人生時，就有接受不舒服感覺的理由。

價值觀是什麼

在進入下個主題之前，先讓我們搞清楚價值觀是什麼、不是什麼。這會讓你接下來的人生簡單一點。

價值觀是自由選擇的

價值觀是指對你來說重要的事物，而不是你覺得別人希望你重視的東西。女性非常擅長將別人的價值觀擺第一，而

犧牲了自己的價值觀。我們可能會用不屬於我們，而是別人期望的價值觀，為自己指引方向。這可能會讓你感覺你不是真正在過自己的生活，或是缺乏目的。

　　舉例來說，或許別人一直告訴你，你是個勤奮努力的人，但實際上你比較想當一個想做什麼就做什麼、隨機應變的女孩，但因為不想讓別人失望，你從來不敢展現這部分的自己。你可以透過問自己有哪些秘密價值觀，來思考這一點。如果沒有人會知道這些價值觀，而且你永遠都不須要告訴任何人，你會重視些什麼？

價值觀須要透過自我強化

　　價值觀也不是別人回應你的方式。你可以選擇善良，但別人不一定會對你善良，那你怎麼辦？如果你對別人好，只是想要別人也對你好，那這不能說是你珍視的價值。根據價值觀行動的結果從來沒有保障，搞懂這件事也讓人不太舒服。價值觀本身就是一種獎勵，而且須要透過自我強化，因

為無論你多努力，你都無法完全控制別人的回應，但你可以控制你自己的行為，像是你說的話或是你做的事。

　　講到這裡，你可能開始覺得有些焦躁不安，我不會怪你。但請聽我說，我的意思不是說，當生命中有人對你殘酷又不仁慈，你還應該繼續對他們善良。完全不是這樣。當你面臨那樣的時刻，你可以仔細評估，如果這個人繼續存在你的生命中，是否還符合你想被對待的方式和價值觀。我猜答案是否定的。我這裡要講的重點是，你選擇價值觀是因為它們對你來說重要，而不是因為你能從他人身上獲得結果，像是對咖啡店裡的女士很好，所以獲得免費的卡布奇諾。對她好是因為你在乎善良，而不是因為可以獲得低咖啡因、半脫脂香草榛果摩卡奇諾咖啡之類的。

價值觀是持續的行為特質

　　把價值觀看作是動詞——價值觀是你做事情的方式，不是你所達成的目標。舉例來說，結婚或是搬去跟某個人一起

住是個目標。一旦你做到了,就完成了,可以在清單上打個勾。但作為伴侶,你想在一段關係中如何表現自己?如果你在乎的是表達愛意,那在你結婚完成目標的那一刻,是不是就不用再表達愛意了?你無法達成「表達愛意」這個目標,因為這是你必須持續對伴侶展現出來的行為特質,即使有時你不想這麼做。

而且坦白說,無論對方是你的伴侶、父母、孩子、同事或寵物,大部分時候,這就是一段關係中最重要的事。

價值觀充滿力量

維克多・弗蘭克在自傳中談到他在奧斯威辛集中營的歲月,這是我看過關於價值觀的力量最令人動容的描述。弗蘭克曾是一位猶太精神科醫師,他在第二次世界大戰時被囚禁在惡名昭彰的集中營。弗蘭克倖存了下來,並寫下一本回憶錄,記載他所見證和經歷的恐怖事情。弗蘭克敘述的可貴之處在於,他觀察到人們在受到極度迫害的情況下,是什麼讓

人們繼續保持動力。他寫道，存活下來的不是最強壯的人，而是那些有「原因」的人——有活下去的理由的人，還有在最黑暗險惡的情況下，仍選擇用自己方式做出回應的人。

> 「我們這些曾住在集中營的人，記得那些走過我們小屋、安撫他人、送出最後一片麵包的人們。這些人可能為數不多，但他們充分證明了人所擁有的任何東西都可以被剝奪，惟獨人性最後的自由——也就是在任何境遇中選擇一己態度和生活方式的自由，不能被剝奪。」

這句話完美地闡釋了何謂價值觀。無論情況有多麼糟糕，你都可以選擇用符合價值觀的方式回應。選擇價值觀本來就不是件容易的事，因為這是你希望代表你人生的事物。

許多年前，我在接受成為臨床心理學家的訓練時，曾與治療創傷後壓力症候群難民的團隊一起工作，就跟我現在

的工作一樣。我記得有位女士經歷了難以啟齒的殘忍和暴力對待。我震驚於所聽到的事（遺憾的是這已經成為了我的日常），接著上司請我在下週，也就是聖誕節的前幾天和她一起去精神科門診，向醫師說明她的創傷後壓力症候群症狀。我盡責地抵達並和她一同參加了會議。我要離開的時候，她叫住了我，並從口袋中拿出一個小包裹給我。那是個捲在小紙片裡的禮物。我打開它，裡面有一支鑲著人造鑽石的黑色小髮夾。她不太會說英語，而且只見過我一次，但她選擇了依善良來行事。無論她經歷了什麼情況，無論她的人生有多困難，無論她當時感到多無力，即使是在絕望的時刻，她依然選擇根據價值觀行動。我還留著那個髮夾，提醒自己無論發生什麼事，總是可以選擇回應的方式。如果世界上有人正在忍受難以啟齒的事情，仍選擇根據價值觀行動，那麼這條路就會為所有人開啟。

我知道有些人會覺得，她送我禮物是因為想從我身上得到什麼。或許是。但我不這麼認為。我不知道事情的真相，

你也不知道。但我知道我想選擇相信什麼，什麼樣的想法會為我帶來力量，讓我在這個世界上活得更好。我發現懷疑他人動機且憤世嫉俗的人，很少做一些讓世界變得更好的事。我寧可相信人性善良，而不是邪惡。這個世界充滿了糟糕的事，但也充滿了善良和勇氣的美妙之舉。

價值觀隨時為你效力

　　價值觀的美妙之處在於你可以隨時開始。你不須要等到變有錢、變瘦、有大房子、更好的工作、更精緻的眉毛、更整齊的牙齒、更乖的孩子之後，才能根據價值觀行動。你可以直接將價值觀反映在行為上。舉例來說，如果你重視好奇心與冒險精神，你可以計劃獨自一人前往亞馬遜登山，或是在吃午餐時跟陌生人搭話。你問，這跟用瑞士刀徒手刻出一個獨木舟，乘著它順流而下一樣嗎？不一樣。但跟不認識的人說話，踏出你的舒適圈，是好奇和勇敢的表現，代表你正在生命中實踐這些價值觀。如果你想要一個瘋狂的冒險，試

試午餐吃不同口味的三明治，一個你從來沒吃過的口味。大膽一點。加冕雞*三明治不一定是你的宿命。

🌱 價值觀不是什麼

價值觀不是目標

我們活在一個非常目標導向的社會。人生經常是為了要達成清單上的目標，以從成就感中獲得多巴胺刺激。我們內建想要獲得這些獎勵的程式，這當然不是壞事，因為這可以激勵我們前進。但如果沒有價值觀，你就缺少了重要關鍵。價值觀不同於目標，不是抵達終點在清單上打個勾就好。價值觀是你前進的方向，像是一路朝東的指針。目標則是你經過的那些城市、樹木、橋和地標。想像你有個內在羅盤，你永遠不可能抵達東邊（或其他方向），但你選擇的人生方向

---

*註：加冕雞，Coronation chicken，是冷煮雞肉搭配藥草和香料以及柔滑美乃滋醬的組合。

能指引你、啟發你、激勵你持續前進。或許你渴望升遷、進入很棒的專案，或是掌管辦公室檔案櫃多出來的抽屜。但在你達成目標之後呢？當你獲得了一直想要的東西之後，你想怎麼表現？你希望你的行為體現出什麼價值觀？你想如何對待其他人？

值得注意的是，針對那些為了減重而進行胃袖狀切除手術、恢復到正常體重人們的研究發現，他們在達成目標後，焦慮和憂鬱程度都增加了。他們變得執著於目標，以至於達成目標之後，反而不知道該怎麼辦了。同樣的狀況也很容易發生在整形過的人身上。「然後呢？」這個問題讓人隱約感到壓力。但價值觀可以提供你一個前進的方式，並且持續改變行為。如果一個人減重是為了自己，而不是為了想改變他人對自己的態度，通常更能持續改變行為和維持瘦下來的體態。簡單來說，你的意圖是關鍵 —— 常上健身房是因為你重視健康，而不是因為想在兩個禮拜內瘦下來擠進緊身牛仔褲。或許你能達成這個目標，但你不太可能持續那種拚命達

成目標的行為。

價值觀的目的不是快樂

　　我猜你大概不想聽這個，但擁有價值觀不只是為了讓你感覺良好。當然，感覺良好可能是來自按照價值觀指導行為的副產品。然而，情況不總是這樣。根據價值觀行動可能帶來很多情緒痛苦。我的工作是治療創傷後壓力症候群的難民，這代表我一天中絕大部分的時間都在聆聽折磨、暴力和人性最險惡的故事。做這件事會跟我在迪士尼樂園玩一樣開心嗎？不會。但這是否符合我想減輕人們痛苦的價值觀呢？沒錯，答案是肯定的。這個工作對我來說有意義，即使有時候我不想，但這個價值觀依然啟發並激勵了我。雖然有時候你只想整天坐在床上吃火星巧克力棒，但沒有按照價值觀行動的感覺，還是會比按照價值觀行動來得糟。

　　如果你願意，嘗試這個練習。拿一張紙，在其中一面寫下對你來說很重要的事，或許是某個人、寵物、你的工作

或你喜愛做的事。然後將紙翻面。在另一面寫下你害怕的事情。如果你害怕的是失去剛才寫下的某個人或活動，那麼你並不孤單，因為這是大多數人都害怕的事。問任何一個父母他們最害怕的事情是什麼？那就是孩子出事。對大部分的人來說，他們恐懼失去最在乎的東西。一旦你變得和某人非常親近，你就可能失去他們，無論是父母、孩子、伴侶、朋友、兄弟姐妹。如果你有喜愛做的活動，那總有一天，你可能會失去從事這個活動的能力。難題來了，你是否願意拋棄在乎的事情──做個有愛的父母、英勇的滑水運動員、善解人意的同事、幽默風趣的朋友──以避免伴隨著在乎這些事情而來的痛苦情緒？我想不是的。實際上，你不可能只丟掉一半而保留另一半。如果你喜歡刺蝟柔軟的小肚子，你也得接受牠背上的刺。

　　我們所有人都會體會到因為失去所愛的情緒痛苦。除非你願意活得像個機器人，不然這一點是不會改變的。然而，在情緒痛苦的時刻，你可以選擇價值觀。你想如何對待診斷

出癌症的朋友？你想如何安慰生命走到盡頭的父母？當你失去工作或不能再做喜歡的事情，你想如何對待自己？這些事情沒有一件是「好玩」或「愉悅」的，卻存在於當下。接納情緒並選擇價值觀，就能為我們的生命帶來意義。

價值觀不是規則

別讓「應該」或「必須」綁架了你的價值觀，也沒有正確或錯誤的價值觀。淡然地看待價值觀，它是溫柔的嚮導，像友善的黃金獵犬一樣，會把你推向正確的方向。價值觀不是你用來處罰自己的棍子。你不可能總是以自己想要的方式依照價值觀行動。不僅如此，價值觀也可能互有衝突，有時你還須要排列優先順序。或許你重視做個好朋友，但你也重視做個盡責的員工，所以優先選擇工作專案，而不是和朋友晚上出去玩。在價值觀衝突的時刻，有時你會須要給某些價值觀優先權。這不代表未被給予優先權的價值觀從此消失不見了。價值觀就像是地球儀上的國家，你在看著墨西哥

的時候，就無法同時看著剛果民主共和國。剛果民主共和國
還是在那裡，但現在你只是選擇專注於中美洲。價值觀也是
一樣。在特定的時刻，你可能專注於當個有愛的父母、花時
間陪小孩，而不是用火柴棒打造帕德嫩神廟來展現你的創造
力。你的創造力還是在那裡，只是它不是你現在專注的重點。

🍃 心智的復仇

為什麼我一直請你解離想法、為不想要的感覺騰出空間
並加強正念？這不只是為了追求尋歡作樂，而是當你開始要
處理比較大的價值觀問題，心智會開始說話，包括悲傷、內
疚、羞愧、對失敗的恐懼感，還有它們的朋友都會出現，在
你正要享受美好的人生時，使你偏離軌道。

你是否看過電影《小子難纏》（*The Karate Kid*）？如果
有，你就知道我接下來要說些什麼。如果沒有，我簡單介紹
一下。長話短說，為了保護自己不受學校的惡霸欺負，孤單

的孩子丹尼向有智慧的宮城師父學習空手道。宮城師父答應教導他，但丹尼沮喪地發現，師父只叫他做一些雜事──粉刷圍欄、幫圍欄上蠟。丹尼不甘願被剝削、做免費勞工，於是跑去質問宮城師父，說自己是想學空手道，不是 DIY。充滿智慧的宮城師父（我們知道他充滿智慧，因為他話不多，而且經常若有所思地點頭）告訴他，他正在學習空手道。他告訴丹尼「掃地！」丹尼完成了動作，而這是個空手道招式！但誰想得到呢？「上蠟！下蠟！」丹尼模仿幫圍欄上蠟的動作，而這又是一個空手道招式！他在不知不覺中已經學會了招式！你就像丹尼，而我是宮城師父（雖然我沒那麼有智慧，而且話很多）。解離、擴張、正念、採納觀點是我教給你的招式，是你進入下個階段所需的忍者技巧。現在，讀者大人，你已經準備好玩這個關於價值觀的遊戲了。

🍃 找出你的價值觀

現在你有了關於價值觀的重要知識，以及應對心智產生阻礙時的技巧，所以是時候來找出對你而言重要的事了。你可以重複回來做這些練習，幫助自己重新定位，為這個過程帶來一些意義。

選擇你的價值觀

下一頁是常見的價值觀清單。這張清單並未涵蓋全部，歡迎你自行補充。閱讀這張清單，勾選你認為最重要的價值觀。選出五個你認為最重要的價值觀。你可以開始思考，自己是否在生活中展現出這些價值觀，如果使用這些價值觀作為羅盤，你會做出哪些行為。或許你想嘗試新的價值觀，這樣一來，就會像穿新外套一樣，趕快試試看它合不合身。如果它像一件寬版不對稱上衣、毛絨穆勒鞋或其他你不斷縱容的時尚災難，你隨時可以把它退貨。

接受	冒險	深厚感情
堅定	美麗	歸屬感
關愛	同情心	服從性
連結	責任心	勇氣
創造力	好奇心	奉獻精神
紀律	平等	興奮
經驗	公平性	信仰
體適能	自由	友善性
玩樂	慷慨	感恩
健康	誠實	幽默
獨立	正直	正義
善良	知識	領導能力
學習	愛	忠誠度
開放心胸	組織能力	內心
平靜	玩樂的興致	權力
可信賴度	尊重	風險
安全	自我覺察	感官享受
社交性	自發性	靈性
容忍度	信任	智慧

　　思考過自己的價值觀之後，你可以運用下方的表格，釐清自己想在生活的哪些部分展現出這些價值觀。有些生活面向對你來說可能一點也不重要，如有漏掉的部分，歡迎自行補充。

生活面向	我想展現的價值觀
家庭	
親密關係	
孩子	
朋友／社交生活	
工作／職涯	
教育／學習	
休閒／娛樂	
靈性／宗教	
公民權／社群生活	
（身心）健康	
藝術／創造力	

靈感來自凱莉・威爾森（Kelly Wilson）《有價值生活問卷》（暫譯。*The Valued Living Questionnaire*）中的〈生活的面相〉（暫譯。*Areas of Life*），2002 年。

無論你是三十歲、五十歲或八十歲

這是活出價值觀的好練習（哈里斯，2008 年）。閉上眼睛，在腦中生動地描繪未來的你正在參加一個意義非凡的生日。回顧你截至今日的人生，並完成以下的句子：

- 我花了太多時間擔心……
- 我花太少時間（做什麼樣的事）……
- 如果我能回到過去，那麼從今以後，我想要改變的事情是……
- 我會花更多時間……
- 我會告訴自己……

參加自己的葬禮

　　布朗妮・維爾（Bronnie Ware）是一位安寧看護，她整理了垂死之人最常見的五個遺憾。當生命進入尾聲，人們最常表達這些遺憾：

- 真希望我以前有勇氣過著忠於自己的人生，而不是別人期待的人生。
- 真希望我以前沒有那麼拚命工作。
- 真希望我以前有勇氣表達自己的感受。
- 真希望我以前有和朋友保持聯絡。
- 真希望我以前能讓自己更開心。

　　這些是已經無法改變一切的人們的遺憾，但你還可以改變。專注於對現在的你來說最重要的事，無論你是十八歲還是八十歲。

　　這個練習將幫你找出你真正在乎的事情。參加你自己的

葬禮（海耶斯與史密斯，2005 年），並沒有聽起來的那麼可怕。事實上，我認為這是最充滿力量和勵志的練習之一。你可以花一些時間，在不被打擾的情況下獨自做這個練習。這個經驗可能很令人感覺情緒激動。在練習結束後，我想你會更瞭解自己希望過怎樣的人生。

　　想像你已經死了。你過了很棒的一生，在這一生中，你的價值觀引導你、激勵你並啟發你。想像你在觀看自己的葬禮儀式。三個人站起身為你念悼詞，他們代表你生命中三個不同層面 —— 家庭成員、同事和朋友，或是你喜歡的任何人。試著想出代表你人生的三個面向，甚至是還不存在的關係，你也可以這樣做 —— 即使你生命中還沒有這個人，你也可以想像希望孩子或伴侶會怎麼談論你這個人。

　　隨著每個人發表演說，生動描繪你希望每個人如何談論你。試著想像他們的表情和語氣。注意你身體的感受，他們談論你的一生代表了什麼、你對他們的意義、你所做的事如何反映你本人和你的價值觀。你可以大膽想像，不須有所保

留。你希望心愛的人們說些什麼，並深刻地感受這些話。

　　這麼做之後，或許你可以問自己，你希望誰在葬禮上發表感言？你希望他們用哪些詞來形容你？這些詞是否能反映出你重視的價值？你是否感到他們所說的話和你正在過的人生之間有所差距？這個練習顯示出你真正想成為什麼樣的人。要成為這樣的人，你現在遇到什麼阻礙？

　　這充滿了力量，不是嗎？這也可能很痛苦，尤其是當你感覺離自己想成為的人、做想做的事很遙遠。這種痛苦告訴你什麼是真正重要的。不要抗拒這種感受，把它當作指引你走向更有意義、更充實、更有活力人生的燈塔。

寫一封價值觀信

　　把價值觀寫下來，比起只是從清單上選擇，這會對你的行為產生更大的影響。為了深入瞭解你的價值觀，用十分鐘的時間（設置一個計時器）寫下一個你真正在乎的價值觀，或許你從先前的練習就已經發現它了。以下這些提示可以幫

助你開始：

- 我想在生活的哪個方面展現這個價值觀？
- 這個價值觀在我人生中的哪些時刻非常重要？
- 我是否背離過這個價值觀？我在那些時刻表現得如何？我是否有付出任何代價？
- 我在何時展現出符合這個價值觀的行為？當時的感覺怎麼樣？
- 即使在艱難的時刻，我是否依舊根據這個價值觀行動？
- 如果想要在生活中更按照這個價值觀行動，我須要展現什麼行為？

祕密價值觀

祕密價值觀的首要規則就是不談論它（海耶斯，2019年）。重點在於完全保密，就像簽下官方價值觀保密協定。就算受到審問也不妥協。選擇一個價值觀，然後計畫根據它

行動的方式，不讓任何人知道。不要告訴朋友禮物是你送的、匿名捐款給慈善機構、善待陌生人，就只是因為你重視善良。你的價值觀本身就是報酬，而不是希望獲得別人的稱讚或認可。這是一個很棒的方式，可以找出什麼對你來說是重要的，而不會淌別人怎麼想的混水。不要告訴任何人。

問題吸塵器

想像我有台吸塵器，可以吸起所有阻礙你的事物。我很快地帶著全新的專利裝置來到你家，開始心理吸塵工作（仔細想想，聽起來真奇怪）。你不再擔心別人怎麼想，痛苦的想法、回憶、感受和身體感覺像水流過鴨子的背一樣，充滿禪意。你不再擔心錢的問題——你馬上將前往奢華的非洲狩獵假期、購買皮革內裝的車款、每天去當地最高級的超市買菜，這些根本不會讓你的銀行存款減少。現在，你會花時間來做什麼？如果可以完全自由選擇，你想如何度過一天？想像我跟著你、拍攝你，把你搞得快瘋了。我會看到沒有阻礙

的你在做些什麼？

甜蜜時刻

　　嘗試這個練習（威爾森與杜佛雷納，Wilson & Dufrene，2009 年），回顧人生中讓你感到活力充沛、充滿成就感的時刻。生動地回憶這個時刻，不只專注在你看到和聽到的，還有身體所聞到、觸碰到、嚐到和感受到的。在那個甜蜜的時刻，你做了什麼？和誰在一起？你在哪裡？你是否注意到當時你有多麼專注於當下？試著體會身體的感受，不只是心智說的話。

　　問自己為何那個時刻對你來說如此特別？有哪些價值觀在運作？這個時刻告訴你最在乎的東西是什麼？

核心觀念

　　人類渴望生命的意義、與重要的事物連結，並從中獲得

向前的動力。專注於你真正想代表的東西能為你帶來強烈的
意義感，這可能是你先前缺乏的。現在，你可以從日常的瑣
事中抬起頭來，回答人生擺在你眼前最大的問題：你想成為
什麼樣的人？你想去哪裡？你想怎麼去？價值觀能提供你回
答這些問題的方向，不是向你展示「人生的意義」，而是向
你展示「人生中的意義」。

第七章

如何採取行動

「今天就改變你的人生，不要將賭注放在未來，即
刻行動，別再拖延。」

西蒙・波娃

　　如果不採取行動，一切就只是紙上談兵。或許讀到這
裡，有些洞見會讓你摸摸下巴，思考一下。如果你不改變做
事的方式，生活的本質就不會改變。以下我們將談到如何採
取有意義且堅定的行動。

為什麼我們從一開始就做錯了？

研究顯示，大多數人在一月十九日以前就放棄了新年新希望。這代表他們只花了十八天用不一樣的方法做事。換句話說，在一年中，他們只用了百分之五的時間維持改變，然後用剩下百分之九十五的時間責怪自己為什麼沒有維持改變，或希望自己的人生有所不同。會失敗也是理所當然，因為設定目標或新願望很簡單，但若沒有心理韌性、解離技巧、接受、正念、價值觀和堅定的行動，無異於是在盲目飛行。看起來會像這樣：

毫無計劃地改變行為→感到動機低落＋自我批評→
放棄→還是老樣子

當一切開始走樣，又沒有東西指引你或幫助你應付難纏的時刻，不難想見如果發生以下情況，你會多快放棄目標。

讓我們以減重為例：

1. 類似想法不斷盤旋腦中：「這太難了」或「我壓力太大了，現在做不到」或「既然破戒了，就沒必要繼續。來人啊，給我一點卡士達奶油，還有甜甜圈！」
2. 你不想經歷伴隨挑戰而來的不愉快感受。
3. 你不清楚自己的價值觀，以及為什麼想要減肥。
4. 你不知道如何維持習慣或設定目標，所以你放棄。

　　你現在已經知道如何管理 1、2、3 點了，讓我們繼續到第 4 點。抱歉？你剛才說了什麼？噢，你似乎一直有在閱讀，但有點分心？啊，這年頭，專心是最稀缺的人力資源。在進入採取行動的細節之前，我想請你回顧前幾章，如何更懂得思考、如何更懂得感受、如何採納觀點，以及如何活在此時此刻（基本上就是全部），否則你得到的將會是失望。如果你只是剛好翻到這一章，歡迎你隨意瀏覽，看看還有什

麼好料。

🍃 為何你會重蹈覆徹

在繼續往下講之前，我想跟你分享為何行為分析是改變人生的魔法（史金納，Skinner，1953年）。簡單來說，我想讓你瞭解，為何你一直處在同樣的模式、做同樣的事情。如果你曾經花一、兩個小時彎著背，用拳頭托著下巴，像留著落腮鬍的希臘哲學家一樣沉思，問自己：「為什麼？為什麼？為什麼我從來不用其他的方式來做事？為什麼我這麼努力，人生還是不能如我所願？這鬍子到底哪裡來的？」那麼，這些話就是說給你聽的。

無論你是否察覺，但你採取的每個行為都有個目的或意圖。我們經常沒意識到做某件事情的原因，還有為什麼堅持一直這樣做。要發現我們的行為模式，我們須要瞭解前因、行為和後果。

前因：出現在行為之前的觸發因素或刺激，可能是情
　　　境、想法、感受或身體感覺。

行為：你做的任何事、行為或許是可被察覺的，如喝
　　　酒、看電視、吃東西、盯著牆壁、拔下巴的毛
　　　等。即使是獨自做這些事，這些行為都是可被
　　　「觀察」的。行為也可能是私下或內在的，例如
　　　反芻、自我對話、擔憂、幻想等。做這些事的時
　　　候，別人無法輕易觀察到這些行為。

後果：伴隨在行為之後發生的事件，導致行為持續或增
　　　加。

　　這在實際生活中會是什麼情形呢？想像工作讓你非常
不開心。這分工作能讓你繳帳單，但你每天自怨自艾，必須
拖著自己去上班。你花了很多時間查看其他職涯選項（開書
店、當雜技演員、重新訓練成為足病診療師等），但都不了

了之。為了應付內心的沮喪，你過度飲酒、待在家看電視，避免跟任何會讓你覺得自己是廢物的人接觸。你持續感到缺乏目的和意義。天哪！怎麼辦？面對任何問題都是一樣，你可以運用 ABC（前因、行為、後果）表格，就像這樣：

前因	行為	後果
情境 想法 感受 身體感覺 衝動	你所做的事	你的回應產生的後果
情境：今天的工作糟透了 想法：我永遠無法離開這裡。我受不了了 感受：焦慮 身體感覺：心跳加速、肌肉緊繃、感覺想吐 衝動：想要擺脫這些感受的衝動	喝酒 狂看電視 不接觸工作比自己好的朋友	直接後果：解脫！！！我不須要面對它，而且糟糕的感覺和想法消失了。酒精麻痺了我。我暫時忘卻煩惱 長期後果：我的情況依然沒有改變 過著不符合價值觀的生活 同樣的事一再發生，又一年過去了

　　表格讓一切看起來好多了，不是嗎？你要記得的重點是：所有的行為後果都會強化行為，表示該行為很可能持續。在這個例子中，強化的後果是用喝酒來擺脫焦慮時的感受。萬歲！消失了！哪有什麼問題？！一切都好極了！沒這麼容易，小伙子。看看後果欄下方是什麼潛伏在暗處──長期後果。以強化後果來說，長期後果是個無聊的親戚，直接後果則是超有趣的親戚，總是知道最棒的酒吧在哪裡。當我們處於自動導航狀態，我們關心的重點是讓感覺變好，擺脫不想要的想法和感受，或是逃離不喜歡的情況，而不專注於行為帶來的長期無意識的後果──不符合個人價值觀、缺乏目的和意義的生活。

🌿 如何不再重蹈覆徹

　　現在你明白了。你持續做一樣的事情是因為這能在短期緩解你的痛苦，你很可能意識到某些行為，但不一定能發現

全部。這樣的情況每發生一次，下次就更容易再次發生，除非你有意識地做出改變。改變的第一步是對前因或觸發因子採取不同的回應方式，運用你學過的心理韌性技巧，解離想法並接受感覺。看看第 141 頁的表格，瞭解這是如何運作的。當你能做到這一點，你就開啟了一個全新的行為分析欄位。這是相當寶貴的資產，配有很多大腦空間。這在心理學上相當於在倫敦市中心買了一棟有五間臥房、一個花園、游泳池和停車位的大房子。現在你可以思考下個欄位 —— 價值觀驅動的行為（Values Driven Behaviours）。這個行為能讓你採取具體改變，同時符合你的價值觀，並為你的人生帶來意義。在這個例子中，可能是設定換工作的目標，也可以是任何符合你價值觀的事情。價值觀經常是人們採取行動時缺失的一環。雖然不是不可能，但如果沒有價值觀的參與，要堅持新的行為是蠻困難的。你是依賴外在獎勵才做到，而這不總是在你的控制之中。如果你做的事情符合你的價值觀，你會獲得本質上的獎勵，你堅持做某個行為是因為它對你重

要。無論有沒有外在獎勵,這些行為總是在你的掌控之中。

前因	行為		價值觀驅動的行為	後果
情境 想法 感受 身體感覺 衝動	你所做的事!		更多你所做的事!	你的回應帶來的後果
情境:今天的工作糟透了 想法:我永遠無法離開這裡。我受不了了 感受:焦慮 身體感覺:心跳加速、肌肉緊張、感覺想吐 衝動:想擺脫這些感受的衝動	解離 接受 正念	**空間與選擇** **展開雙臂,沉浸在腦袋的空間中,做出不同的選擇**	設定目標 解決問題 做出謹慎的決定	直接後果:更能掌控自動導航行為 長期後果:努力尋找新工作 在現在的工作中活出自我價值觀 照顧自己的健康

　　現在你獲得了所需的空間來採取新的行動，選擇一個生活面向進行改變，例如：工作、健康、關係、教育、社群、社交。不要超過一個，否則你很容易透支自己。目標是將所有新行為變成習慣，如果你想同時在生活中的多個方面進行會困難得多。如果你真的想做出改變，就要減少消耗你時間和精力的空頭支票，專注在重要的事情上。接著，思考你希望在這個人生面向所展現的價值觀。好了嗎？寫下來了嗎？（總是要記得寫下來喔）好的，你現在準備好了。

變得聰明（SMART）

　　設定 SMART 目標（S 是指具體的 specific，M 是指有意義的 meaningful，A 是指可達成的 achievable，R 是指實際的 realistic，T 是指有時間範圍的 time-framed）能增加達成目標的可能性（杜蘭，Doran，1981 年）。

具體的：清楚你要採取什麼行動，何時何地要採取這些
行動。說「我要變得更苗條」不是個目標，只是個
模糊的白日夢。

目標應該像這樣：「我計劃在星期一、三、五走樓
梯到辦公室，總共三天。」目標要明確，讓你清楚
當時間到了，自己要做些什麼。當你試著達成目標
或開始新習慣，先決定行動計畫可減少不必要的決
策過程及說服自己放棄的選項。不用多久，這些小
行動就會成為你不假思索的習慣了。

有意義的：目標應受到價值觀的指引並具有意義。你的
目標是自己的，還是別人的？

可達成的：你目前是否有資源和能力來達成這個目標？
若沒有，你須要做些什麼，或須要發生哪些情況，
才有可能達成這個目標？

實際的：考慮到生活中的需求會彼此競爭，例如健康、
時間和金錢，這個目標是否實際？你是否須要設定

更實際的目標？

有時間範圍的：清楚瞭解自己要做什麼、何時要做這件
    事，來提升你達成目標的可能性。決定你想達成這
    個目標的時間和日期。

🍃 目標不必然通往幸福

在這個高度重視成就的社會，人們經常忘了為設定目
標加上健康警語。如果你設定目標只是為了達成目標，最後
你將會失去渴望的目標和意義感。或許不斷在目標清單上打
勾很誘人，但最終不會帶來你追求的東西。同時，注意自己
是否有所預期，若達成目標或得到想要的東西時就會感到開
心。這樣的想法非常容易讓你脫離此刻，脫離現在就根據價
值觀行動所帶來的滿足感。從這些想法中解離，專注於過程
以及你想展現出的價值觀，如同你想要達成的事情一樣。你
的做法和跟你做了什麼一樣重要。

🌱 從整頓環境開始

改變行為很困難。如果你想創造持續的進步,不妨整頓環境,讓周圍的環境和系統對你有所助益。如果你想減少壞習慣,那麼就讓自己更難去做到那些壞習慣。希望減少滑手機的習慣?那就把手機放在前門附近充電。希望少看一點電視?那就把遙控器放在抽屜裡,並拔除牆上的電視插頭。如果你想要養成新習慣,就要讓新習慣變得更容易做到。想要更常上健身房?那就把健身袋打包好放在門口。如果想吃得更健康,就把健康食物放在清楚可見和隨手可得的地方。把消化餅藏在櫥櫃後方的塑膠容器中,用一罐你從來不吃的醃檸檬壓著。減少對健康飲食來說不必要的障礙,像是把切好的胡蘿蔔放在冰箱的正中央。如果你感到疲憊又暴躁,去超市買藜麥和茄子等健康食物簡直難如登天。如果須要花二十分鐘去買一件運動內衣,也可能使你對跑步打退堂鼓。把握一個原則 —— 為想培養的習慣減少障礙,為想戒掉的習慣增

加障礙。

🍃 習慣掛鉤

　　如果你想要養成新習慣，就讓新習慣與已經存在的習慣掛鉤（福格，Fogg，2020 年）。想多做一點深蹲？那你可以計畫在刷牙之後做深蹲。想每個禮拜打給年邁的愛黛兒阿姨？那就把通話安排在每週六晨跑以後。思考目前有哪些習慣可作為觸發因子，例如起床、刷牙、洗澡、喝咖啡或茶、準備工作包、電腦開機、通勤去上班、到家之後脫外套等。你懂我的意思。整理出你的習慣清單，並在上面疊加新習慣，就可以提升做這些事的機會。

🍃 動機的迷思

　　動機和意志力是心理學上的紅鯡魚（用來刻意轉移焦點

的事物）。這兩者屬於內在的感受，像身體感覺一樣會來來去去、潮起潮落。當你須要採取行動，動機可能沒準備好，因而使你感到孤立無援。依賴內在狀態來決定是否採取有意義的行動，就像在說你只有在天空出現鳳梨形狀的雲時才要做某件事。

與其受制於想做或不想做的感覺，開心地接受這個事實：「你不是聽命於你想法的奴隸。」你現在就可以證明，無論你的腦袋告訴你什麼，你總是能掌控自己的行為。不斷告訴自己你無法舉起左腳。舉起來了嗎？很好。繼續告訴自己：「我的左腳舉不起來。我做不到，也不想做。沒什麼好說的。」現在舉起你的左腳。你的腦袋說你不能也不願，但看看你的身體如何做到這件事的？儘管你的腦袋不相信，你還是能控制手和腳以及所說的話。如果你想：「我當然能這麼做啦，真是個蠢練習。」那麼，當你的腦袋在這個星期第三次跟你說：「今天不要走樓梯，等你有力氣再走。明天走也可以啊。」問自己是否會因為覺得運動很重要，所以繼續

走樓梯,還是會不走改等電梯以獲得短暫的休息?跟我想的一樣。你現在可以把腳放下了。即使我們非常想在人生中做出改變,我們在某些時刻都會服從於心智的絕對命令。下一次,當你想要達成一個重要的價值觀目標,而你的心智氣呼呼地嘟著嘴說:「我不想要!」記得你可以從這個想法中解離並掌控自己的行為。如果抬起腳有助於你記得這件事,就盡情地做吧。

🌿 積沙成塔

當你想達成目標,做著微小且持續的行為比取得一次巨大的進展更重要。你必須持續一點點的改變才能成功。今天做出微小簡單又快速的改變,不會為明天帶來什麼大成果。但每天堅持做一點就會。今天少吃一點糖,對你明天的體重不會有太大影響,但是每天減少攝取一點糖就會有影響。今天跑步十分鐘不會改善你明天的體能,但每天跑步十分鐘,

堅持一個月，你將會看到改變。人們無法達成目標的其中一個主因是把目標設得太難，一開始就用力過猛。當你開始一個新目標，想想你能採取最簡單的方式是什麼。讓你的目標像是在地上放一張紙，然後從上面跳下來一樣簡單。堅持小而簡單的改變能帶來巨大的成果。每次向前走一步、滑行或跛行都是進步。別忘了強化後果──每一步成功的機會越大，你就越可能持續這個行為。這樣的小目標讓你能不斷校正行為，讓你能持續朝正確的方向前進。

追蹤帶來改變

你須要持續追蹤並監測你的進步來瞭解自己是否正在做出改變。最簡單的方式是在手機上進行設定，用簡單的筆記應用程式。不需要花裡胡哨的功能，一開始簡單就好。如果創造力是你重視的價值觀，那就設定目標，每週畫畫一次、每次畫四十五分鐘，並在之後記錄下你能完成的目標。如果

這個禮拜你沒時間畫畫，就把目標改簡單一點，試著畫十五分鐘就好，並確保設定 SMART 目標，安排有助益的環境。嘗試了四十五分鐘之後，你可以重新校正，為下週訂定不同的目標，可能是一小時。忽略測量進步經常會讓人放棄一切，因為你的目標不是太簡單就是太難，而追蹤有助於你獲得立即的回饋來強化努力。

不斷從錯誤中學習

你可能會有幾天或是幾星期的時間不想行動。有時候，你會感覺自己失敗了，「完全放棄」感覺是很誘人的主意。經歷過這些之後，現在你會想採取不一樣的行動。你想要真正建立韌性。首先，韌性不是可擁有的東西，而是個站起來的過程。韌性不是感覺不到悲傷、恐懼或焦慮，而是帶著這些感覺繼續向前。

韌性（resilience）的字根來自拉丁文 resiliere，意思是

「彈回來」。韌性的意思不是從不跌倒。如果你想過上富足且有意義的人生，跌倒是必然的。在本書中，你學習了許多心理韌性的技巧，當事情無可避免地出錯，你可以運用這些技巧來處理想法和感覺。這些技巧能為你創造空間，讓你發現自己在哪裡偏離了軌道，本章的工具將教導你如何繼續前進。看起來應該是這樣的：

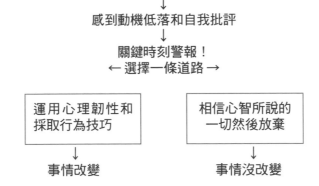

學習心理韌性技巧
↓
制定改變行為的計畫
↓
感到動機低落和自我批評
↓
關鍵時刻警報！
← 選擇一條道路 →

運用心理韌性和採取行為技巧	相信心智所說的一切然後放棄
↓	↓
事情改變	事情沒改變

如果你持續使用學到的技巧，最終事情會有所改變。關鍵在於瞭解心理韌性是第一優先。接著改變就會發生。

核心觀念

瞭解自我挫敗和自我限制的模式，能為你的人生帶來不一樣、更廣泛的選擇，而這些選擇會更符合你的價值觀以及你真正在乎的事。不斷溫習所學過的技巧，把眼光放長遠，把價值觀放在核心位置，每天跨出一小步，你將能走向大改變。

第八章

如何對自己更具慈悲心

「有時半夜睡不著覺，我問：『為什麼是我？』一個聲音回答：『沒什麼特別的原因，就只是你的名字恰好出現了。』」

查理布朗

《花生漫畫》© 1993 Peanuts Worldwide LLC。

由ANDREWS MCMEEL SYNDICATION 出版。

經許可轉載。保留一切權利。

　　情緒痛苦是普世皆然的。我每天都在為難民提供諮商，這些經驗告訴我，壞的事情發生在好人身上是莫名其妙且沒有原因的。我們不能選擇與生俱來的腦袋和身體，也不能選擇人生要給我們的難題。

　　自我慈悲（Self-compassion）一直是佛教、其他宗教和精神傳統的基石，但近幾年來，它開始成為治療心理學難題的重要科學方法之一。如果你願意接受可以大幅改善人生、完全不同的自處和待人方式，那麼請繼續往下閱讀。是時候對自己多一點慈悲心了。

🌿 自我慈悲是什麼？

　　自我慈悲是在面臨痛苦時，用善意、溫暖和感情對待自己的一種方式。就像對待正在受苦的朋友一樣，對自己展現同樣的慈悲心。自我慈悲帶來的好處十分顯著，大量研究顯示，能自我慈悲的人們經歷的心理痛苦較少，面對人生起伏時更具韌性，而且對人生的滿意度更高。自我慈悲對身邊的人也相當有益，研究顯示，自我慈悲心較高的人們，相較於自我慈悲心低落的人們，會展現出更正向的關係行為。基本上，自我慈悲是你可隨心所欲運用的心理超能力。好消息

是，自我慈悲不是與生俱來的特徵，不是長得奇形怪狀的腳指甲或藍眼睛，而是你可以學會的東西。

世界領先的自我慈悲研究者克莉絲汀·聶夫（Kristin Neff）表示，自我慈悲是由三個獨特但交互作用的元素所構成（聶夫，2003a）：自我仁慈、普遍人性和正念。

- **自我仁慈**（與自我批評相反）是一種用理解與關心對待自己，而不是批評或論斷自己的傾向。
- **普遍人性**（與孤立相反）認知到每個人都會失敗、犯錯，而且我們在承受痛苦時並不是孤單一人。
- **正念**（與過度論定相反），你現在知道，正念代表察覺當下的時刻。這有助於你退一步，採取不批判自己和人生的眼光。

以上就是自我慈悲的三要素，到目前為止，一切都很好。但在踏上追尋自我慈悲的旅程之前，首先要瞭解大腦的

作業系統，才能事半功倍。第一步是要瞭解大腦基本上是在執行三種情緒調節系統（迪浦與莫羅尼・史特平斯基，Depue & Morrone-Strupinsky，2005 年；吉伯特，Gilbert，2009 年）：威脅保護系統、驅動及尋找資源和刺激系統，還有滿足和慰藉系統。瞭解這些系統如何運作以及系統啟動時會發生的狀況，是培養自我慈悲極為重要的第一步。否則，你就會像試著使用 Windows 作業系統的 Mac 使用者一樣感到挫折。沒有什麼比不瞭解你的電腦更令人沮喪的了。

威脅系統：你的戰或逃反應就存在於這個地方。這是你在逃離危險（搶匪、毒蛇、討債者）或戰鬥時會啟動的系統。威脅系統的目的在於偵測威脅生命的危險並提出警告，以確保你安全無虞。威脅系統啟動時，你通常會感受到焦慮、憤怒和厭惡等情緒。

當威脅系統啟動，你的動機是想活下去並保護自己，因

此大腦會整合你注意力所在之處（某樣有著大牙齒的生物，正在角落發出窸窸窣窣的聲音）、你的想法（災難馬上就要降臨）、你所做的事（逃跑、戰鬥或僵住）、當下的影像和記憶（鮮明地看見自己被掠奪者啃食）、你身體的行為（準備逃跑或戰鬥，心跳變快、感覺呼吸急促、肌肉變得緊張）還有你因為受到威脅而產生的情緒（如焦慮）。

　　要觸發威脅系統很容易，就像用一根大棒子戳鱷魚的鼻子一樣容易，因為威脅系統主要是幫助我們存活下來。但現在的問題是，不只有生理威脅會觸發這個系統，對自我概念的威脅也會。這可能來自外部，像是他人殘酷又不近人情的作為，但也可能源於自我批評和自我攻擊。你完全可以透過自我對話，讓自己感到受威脅。

　　採用功能性磁振造影（Functional Magnetic Resonance Imaging，一種測量腦中活動的成像技術）的研究顯示，大腦面對自我產生的威脅，如自我批評，和面臨他人的批評或實際的生理威脅，有一樣的反應。感覺就像大腦無法分辨威脅

是由你製造的，還是實際存在生活中。即使一切都是你自己想出來的，這一樣會導致心跳加速、肌肉緊張、胃痛等生理反應。這是不是很神奇？實際上，你可以透過對自己惡毒，激發自己的威脅反應（然後這會影響你的情緒、想法、動機和行動）。當你只依靠威脅系統來過生活，你可以選擇的有價值行動就會變得非常少。

生理上的威脅會啟動威脅系統，社會上的威脅也會。演化使我們害怕被拒絕，因為被拒絕代表我們可能會被群體遺棄，而人大多是社會性動物。羞恥就跟尷尬和屈辱一樣，都是因威脅而產生的情緒。這些情緒只有在他人在場的時候可能發生。我們只有感到在他人眼中沒價值時，羞恥才會起作用，隨著時間經過，這會讓我們越來越覺得自己沒價值。

在人類演化的早期，被社會群體拒絕意味著「你完蛋了」。數千年前，你不可能在沒人協助的情況下穿越酷寒的凍原，你不可能獲得足夠的食物或保護自己免於威脅，尤其是在受傷或照顧子孫的時候。所以當你批評自己或過度思

考，你的大腦會按照原本的設定進入威脅模式，分泌皮質醇和腎上腺素來刺激你的行動。如果威脅存在的時間很短，而你的系統可以快速恢復正常，那沒什麼大礙。但在現代生活中，威脅系統經常保持啟動，數千個日常壓力時刻會導致腎上腺素和皮質醇持續分泌，對身心帶來重大的負面影響。這就是一般人所說的慢性壓力。

驅動系統：這是人類的成就系統，刺激你去獲得食物、住所、性和友誼等事物。驅動系統促使你去尋求工作升遷、買新房子、買最先進的食物調理機，或任何你喜歡的東西。驅動系統關心的重點是欲望、奮鬥以及取得成就，獲得愉悅、有趣或興奮的感覺。這同樣對我們的演化有幫助，但在現代社會中，著眼於這些元素會衍生出許多不滿。社會重視競爭力，讓我們很容易過度與他人比較，而社交媒體又進一步放大了這個問題。

　當你獲得想要或努力追求的東西，如工作、性愛、房子、社交媒體上的按讚、金錢等，大腦會分泌一些美妙的多巴胺，進一步強化你的習慣。有時（好吧，經常），你可能會透過尋求地位或物質，以調節威脅系統所帶來的不愉快感。把這當作面對威脅系統的唯一反應會產生兩個問題。第一，這只在短期有用，你能買的食物調理機就只有這麼多，很快地你會開始渴望更有意義的東西。第二，如果你沒有達成努力的目標，你會感到失職，同時害怕被社會拒絕的威脅，因此你會做最擅長的事——加倍批評自己，使威脅系統變得更強大。接著你會回到驅動系統來尋找答案，試圖解決這個問題。再加上廣告的推波助瀾，不意外地，我們不斷想獲得更多，卻從來無法擁有我們渴望的平靜、滿足和自我接受等感覺。如果這裡描述的情況跟你的類似，那麼你很可能一直在威脅系統和驅動系統之間來回彈跳，納悶自己為什麼有這麼多廚具。

撫慰系統：這個系統中存在著神奇的魔法，卻從來沒有人聽說過它。這個系統與撫慰和滿足的感覺相關，還有最重要的安全感。撫慰系統的重點是無所求，接受目前的狀態。聽起來很棒，不是嗎？難道你不喜歡「無所求」的想法嗎？

撫慰系統是哺乳類動物演化的結果。雖然人類也曾經是爬蟲類，但哺乳類會對子孫展現關愛，和爬蟲類完全不一樣，後者只會把孩子丟著，讓牠們自己解決問題。威脅系統強調生存，就像我們大腦中的爬蟲類。然而，作為哺乳類，我們學著從照顧者的身上獲得安全和滿足感。照顧者會撫慰我們，用撫摸、溫柔的聲音和溫暖安慰我們。疫情期間，對許多人來說，喪失人際互動的影響甚鉅，這是有原因的。因為我們天生就須要與人接觸。正是哺乳類的照護啟動了我們撫慰系統以及催產素的分泌。正是源自情緒安全之處，我們能蓬勃發展並更懂得運用驅動系統。

　　啟動撫慰系統讓你有時間和空間來「休息和消化」。其他的哺乳類動物在經歷壓力事件後（逃離掠食者）會休息和消化，讓身體獲得修復。剛從獅子的攻擊中倖存下來的羚羊，經歷了激烈的戰或逃反應，危機一旦解除，羚羊就會進行休息和消化、吃草，或在附近的水窪喝水。牠的身體正在進行自我修復。羚羊沒有跟牠最好的朋友討論為什麼獅子要攻擊牠、牠為何如此失敗（落荒而逃），還有明天是否會再次發生同樣的事。羚羊沒有評斷自己的行為，然後因此批評自己——這是人類獨有的能力，使我們的威脅系統保持活躍。簡單來說，我們不斷把事情變得更糟糕。

　　面對自我攻擊和他人情緒攻擊的時刻，我們不能只依賴驅動系統來緩和威脅系統。我們須要在三個系統之間找到平衡才能蓬勃發展，以自我慈悲來啟動撫慰系統，這正是我們所需要的。

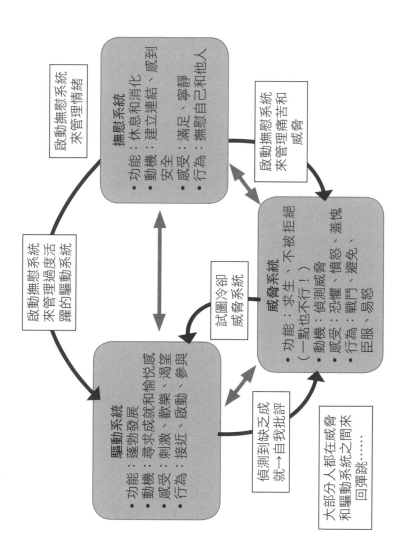

🌿 這很複雜

　　我們擁有「新大腦」能力的這個事實讓事情變得更棘手。這是我們大腦中能進行幻想、計畫和想像的部分。我們在「大腦 101」中談過，這是人類獨有的部分。然而，當新大腦與情緒調節系統一起作用，它能使人做出偉大的善舉，但也可能使人做出極為殘酷的行為。想出對人們做可怕的事情，計畫並執行這些事情，是威脅系統中的憤怒與新大腦的計畫能力共同協作的結果。每次聽到世界各地的施虐者想出的酷刑都讓我心驚膽顫。同時，充滿溫情、韌性和善意的故事則總能激勵我。人類能做出極為殘酷的行為，也有能力做出令人驚訝的善舉，這取決於我們選擇如何使用自己的大腦、情緒和動機。我們或許不能消除世上所有的邪惡，但至少可以為世界增添更多的光亮。而瞭解自己的運作方式是邁向這個目標的第一步。

🍃 你的程式不是你設計的

　　瞭解情緒調節系統的關鍵是：這、不、是、你、選、的。這個程式跟你的大腦和身體一樣，從一開始就決定好了。你的身體和大腦裡有這些複雜難搞的程式，並不是你的錯。這是人類演化的結果。現在的情況是，你無法完全改變這個作業系統，但你可以透過新大腦的自我覺察能力改變回應的方式，選擇不同的行為，破除沒有幫助和有害的模式，避免造成自己和他人不必要的折磨。簡單來說，你可以學習心智的運作方式，而不是與它對抗。這令人感到輕鬆多了，不是嗎？

🍃 自我慈悲的迷思

　　你認為慈悲心是個好東西嗎？是個有用的東西嗎？在這次的新冠危機中，慈悲心扮演了什麼角色？我猜你會覺得慈

悲心是個不錯的東西，你可能會想到辛苦工作的醫護人員，他們穿著個人防護設備，盡全力照顧生病和命危的病患。那你對自我慈悲的想法如何呢？你想到了什麼？我猜有些人對於自我慈悲的想法感到尷尬或無地自容。自我慈悲不就是極度的自我放縱嗎？我必須承認，過去的我也是這樣覺得：「自我慈悲不過是準備些做作的蠟燭、享受玫瑰花瓣浴還有臉部按摩，對於正在陷入地獄的世界視而不見。」我曾對這個概念嗤之以鼻，還沾沾自喜。但那是我在瞭解自我慈悲本質之前的事，實際上，充分的證據顯示，自我慈悲能對人們的生活產生深遠的影響。我非常喜歡自我慈悲的概念，並以此作為我的博士論文主題。沒什麼比選了一個讓你痛恨的論文主題還要糟糕的，這種痛苦大概只適合留給戰犯或在地鐵車廂裡不往裡面移動的乘客。感謝自我慈悲的功勞，我至今仍覺得它是個很棒的東西，而且會開心、親切地邀請它來家裡坐坐、喝杯茶。但我知道這種聽起來有點不必要的東西很容易讓人產生懷疑，所以容我為你破除一些迷思。

自我慈悲不是自我放縱

人們不喜歡自我慈悲的一個主因是擔心自己會變得放縱，失去一切動機。像是在大白天裡穿著內褲，坐在沙發上，用沒刷牙的臭嘴吃著昨天剩下的外賣，孩子們則會在鄰居的垃圾桶裡面翻找殘渣。但事實不是這樣的——自我慈悲和自我放縱之間的距離，比前英國首相鮑里斯・強森和梳子之間的距離還要更遠[*]。

我們很少會用批評來鼓勵人把某件事做好，這也是大多數父母都知道的事。在孩子因為被學校木管樂隊拒絕，或是即將要得到挑圓片大賽（tiddlywinks）區域冠軍卻沒被隊伍選上而嚎啕大哭，告訴他們忍著點、下次表現好一點，並不是可長期或持續激勵他們的方式。當然，有些孩子會做出回應，並出乎意料地做到了，在全校面前吹著單簧管，而你沾沾自喜地微笑。這麼做的代價是孩子必須學會自我激勵，而

---

[*] 註：前英國首相強森的一頭亂髮是其象徵，故此處以他和梳子間的距離（暗指他不常梳頭）來做比喻。

這可能會損害孩子與自己的關係,很可能還有與你的關係。如果你還是有些搖擺不定,來聽聽偉大的亞歷克斯・佛格森爵士(Sir Alex Ferguson)的意見。他帶領曼徹斯特聯隊走過最輝煌的歲月(我相信這一點,如果你不相信,請不用寫信告訴我),他以經常吼叫和剛硬的性格聞名。談到激勵人們,他這樣說:「沒有人喜歡被批評。很少人會因為被批評而做得更好,但大部分的人卻會因為鼓勵而做出改變。所以我試著找到機會給予人們鼓勵。無論是球員還是一般人,再沒有比聽到『做得好』更令人開心的了。這句話真的是有史以來最棒的。」

如果你(還有亞歷克斯爵士)不會用批評的方式來激勵他人,那麼你為什麼要批評自己呢?我猜是因為這有時候有用(回顧「如何採取行動」這一章提到的強化後果)、這是你的習慣,或是你覺得自我慈悲是件放縱的事。你可能會想到最糟的情況,像是不想挑戰自己,以避免在失敗時引發滾雪球般的自我批評。科學研究為此提供了許多資訊 —— 自

我慈悲的人們設定的目標和沒有自我慈悲的人們一樣高，但如果沒有達成目標，他們並不會像後者一樣痛苦和沮喪（聶夫，2003a）。自我慈悲也和學術工作的適應性方式相關（聶夫、謝與狄傑特拉，Neff、Hsieh & Dejitterat，2005 年）。當發生失敗，自我慈悲程度較高的學生更能接受事實，並將其作為學習的機會，而不會躲在書桌下面，憤怒地伸出腳踢經過的人，並扯著自己的頭髮（其實研究沒有提到最後這部分，但你明白我的意思）。自我慈悲的人們設定的目標就跟其他人一樣高，而且在面臨挫折時，更能保持彈性。

自我慈悲不是換個包裝的自尊

　　自尊是相較於他人，一個人尊重和喜愛自己的程度。自尊在身心健康的領域掀起了一股熱潮。如果你沿著心靈勵志書區慢慢走過，你會發現培養自尊的趨勢強勁到連用核子彈都打不穿。壞消息是，自尊可能會帶來一些負面效果（聶夫；馮克，Neff；Vonk，2009 年），如自戀程度提高（好笑

的是，人們寧可選擇自尊，也不選擇自我慈悲，因為後者聽起來更「自戀」），想維持高自尊的人們可能會在社交聚會中進行向下比較（瞧不起混得比較不好的人，維持自我感覺良好），不僅如此，自尊是個酒肉朋友。當事情發展順利，自尊會說：「跳上我新買的敞篷車，一起去海邊兜風，你會覺得超棒的！我還帶了零食喔。」當事情發展不順利，自尊會說：「我要去跟吉兒玩，她比你成功多了。」當事情順利，自尊是個可靠的好友，而事情發展不順利時，根本就是個混蛋。

自我慈悲不是自憐

自憐是另一種社會性和心理性的恐懼。**我會不會因為覺得自己超級可憐，甚至難過到走路時被我下垂的嘴唇絆倒？**自我慈悲不是自憐的好朋友，感到自憐是因為超載和沉浸在自己的問題裡，自我慈悲研究者克莉絲汀·聶夫（2003a）為這個過程創造了一個詞，叫做「過度認同」

（overidentification）。自我慈悲的人們更懂得用平靜的心來面對苦難（而不是在地上痛苦地扭曲，扯開剛毛襯衣，用希臘悲劇式的方式叫喊：「噢！該死的女人！」），退一步看待他們所承受的苦難。這使你可以選擇更多符合你價值觀生活的行為（善待自己、正念、與他人連結），而在這裡面，沒有自憐。

女性特別擅長善待他人，卻不會善待自己。將別人的需求擺在第一是一條通往倦怠的單行道。聽起來很老掉牙，但空杯子倒不出水來，真的是這樣。如果你希望對自己、所愛的人、同事、社群和世界所產生的影響品質是可持續的，那麼你的自我照顧也要是可持續的。自我慈悲就是自我照顧的源泉。

如何為生活注入自我慈悲

讀到這裡，我希望你開始領略並願意接納自我慈悲帶來

的好處，運用它改善自己和別人的人生。這裡有些方法能幫助你開始。

找到平衡

光是意識到情緒調節系統的運作，以及這個系統何時失去平衡，就能對你的人生產生莫大助益。你將能夠瞭解是什麼在影響你的行為，一旦注意到這點，你就能在任何時刻，退一步思考哪些是由價值觀驅動且有幫助的行為，而不會淪為情緒的奴隸。

舒緩節奏呼吸

你的呼吸會在處於威脅模式時變得快速且短促。舒緩節奏呼吸練習（吉伯特，Gilbert，2009 年）能降低對於威脅系統的刺激，並停止壓力反應，使撫慰系統得以開始工作，產生安全感。這個練習的關鍵在於進入舒緩的節奏，就如其名稱一樣。

- 首先，找個安靜的地方坐下來，一開始先這樣，等熟練之後再挑戰比較困難的情境，像是在網路故障時跟客服人員通話。
- 用鼻子吸氣和吐氣。
- 將手放在橫隔膜上，想像腹部充滿空氣，吐氣時肩膀保持原姿勢，停留在原來的位置。
- 吸氣，一、二、三、四。
- 吐氣，一、二、三、四。
- 持續至少一分鐘。

當你變得比較熟練之後，試著延長時間至五分鐘以上。關鍵是緩慢而深沉地呼吸，讓生理系統可以慢下來，向大腦傳遞「一切都很安全」的訊息。

🍃 安全之處

　　運用想像力進一步激發你的安全感。創造畫面的美妙之處在於，即使你知道那個畫面不是真的，但大腦對它的反應和對現實是一樣的。這代表你不只能對現實生活中的所見所聞產生情緒，也能透過在腦中創造畫面產生情緒。這不代表你可以整天坐在床上，想像度假的畫面，相信自己就在巴貝多（Barbados），而是可以打造對該畫面的心理安撫反應，並減弱威脅系統。重點是讓畫面盡可能栩栩如生，還有體驗伴隨而來的感官感受，你可以盡情發揮想像力。

- 首先，花幾分鐘練習放緩呼吸的頻率。
- 閉上眼睛，想像你在一個安全的地方。或許是你從來沒去過的地方，也可能是你熟悉的地方。無論哪裡都可以，可以是海灘、樹林、草原，或是讓你感到安心的房子。

- 首先，創造一個鮮明的畫面，盡可能描繪身邊所看到事物的細節，讓大腦對這個畫面產生回應。想像你能看見的燈光、影子和顏色。

- 接著，注意你能聽到什麼，有哪些聲音？你在這個地方能聽到最大的聲音是什麼？最小的聲音是什麼？這些聲音離你近還是遠？

- 你能聞到些什麼？海的味道？鮮花的香氣？還是新鮮的空氣？

- 你在這個地方能感受到什麼？皮膚上的感覺是什麼？腳下的感覺是什麼？想像你脫下鞋襪，感受腳下的地面。

- 讓你的身體在這個地方放鬆，這麼做的時候，同時為你的臉上增添一抹微笑。

- 最後，想像這個地方歡迎你，你屬於這裡，而且安全無虞。

打造慈悲畫面

當你處在痛苦狀態，想進一步激發撫慰系統，你可以試著打造理想的「慈悲他人」（改編自吉伯特，2009 年）。這個慈悲他人可能是人類，或你喜歡的任何人事物，你可以多方嘗試，找出什麼適合你。說實話，我想不出比蜜雪兒．歐巴馬、奈潔拉．勞森（Nigella Lawson）和福滋熊（Fozzie Bear）的綜合體更好的慈悲他人。無論你選擇了什麼，記得這是你的理想，代表你想被撫慰、照顧和在乎的方式。

在你開始之前，還有一件事，就是請確保慈悲他人有以下的特質：

- **智慧**：瞭解何謂人性。智慧代表瞭解所有人都有複雜和衝突的情緒、想法、反應、渴望，但仍然能夠面對一切。
- **力量**：能包容我們所有的痛苦和歡樂，足夠強大且能在任何情況下保護我們。

- **溫暖**：代表深刻的仁慈和情感。方式溫柔且能夠撫慰人心。
- **不評斷**：理想的慈悲他人不會譴責、論斷或批評。他們會接受你原本的樣子，並致力於促進你的幸福和健康。

現在知道了這些特質後，你可以開始打造你的慈悲他人畫面。這裡有些提示能幫助你開始：

- 你的慈悲畫面看起來是什麼樣子？
- 你希望他們的年齡幾歲？
- 你希望他們是什麼性別？
- 你希望他們是人類還是非人類？
- 你的慈悲畫面聽起來如何？
- 你的慈悲畫面使用了什麼語調？
- 你的慈悲畫面聽起來平靜嗎？是強烈？還是溫柔？
- 你的慈悲畫面聞起來是什麼味道？

- 你的慈悲畫面質感如何？如果你能碰到它，會是什麼感覺？
- 當你處於痛苦，你希望這個慈悲畫面如何安慰你？當你的慈悲畫面安慰你，臉上是什麼表情？在較不痛苦時花時間打造你的畫面，這樣你在想要降低威脅系統時，能更容易啟動撫慰系統。

🌿 我需要什麼？

當你的系統緩慢下來，用這些問題來引導自己：

- 我需要什麼才能感到安全？
- 我需要什麼才能撫慰自己？
- 我需要什麼才能感到連結？
- 我需要什麼才能不被想法所困擾？
- 我現在能對自己做的最仁慈的事情是什麼？

你使用的語氣也很重要。要溫柔、仁慈、有耐心地和自己說話。

慈悲的觸碰

人類已經進化到可以透過觸碰來安撫情緒。觸碰能讓威脅系統冷靜下來，並啟動撫慰系統。像是父母觸碰小孩，讓他們冷靜下來，你也可以透過這個練習，在壓力時刻讓自己冷靜下來（靈感來自聶夫與革末，Neff & Germer，2018年）。一開始你可能會覺得很奇怪，我建議你在公共場合揉搓你的胸膛前，先在家練習。

將手放在心上

- 當你注意到自己處在壓力之下，深呼吸兩到三次。
- 將手輕輕放在心上，感受它柔和的壓力和溫度。你也可以將兩隻手放在胸口，注意到兩隻手之間的差異。
- 感受到手觸碰著胸口。如果你想要，可以用手在胸口畫小圓圈。

- 感受呼吸吐納間胸口自然的起伏。
- 待在這個感覺裡，無論多久都可以。

　　如果你對把手放在心上沒興趣，你可以溫柔地撫摸自己的手臂或臉，只要你覺得有效都可以。**我知道你在偷笑**，但不妨試試看吧。

暫停一下，自我慈悲的休息

　　你可以透過喚醒一個痛苦的回憶，或是經歷情緒痛苦時嘗試這個練習。你可能正在照顧一位失智症患者，或在加護病房裡工作，或正在經歷一段很煎熬的時期。與其吃一百根迷你奇巧巧克力（Kit Kat）來擺脫不愉快的感受，試試看這個練習（改編自聶夫與革末，2018 年）。告訴自己：

- 這是受苦的時刻。我很痛苦，但痛苦會過去的。

- 我不是獨自一人，每個人都會受苦，這是人類經驗的一部分。

這些話能讓你瞭解自己和世界上其他人類的共同點，受苦是人生不可避免的一部分。接著，你可以將手放在心上，或是進行任何能夠撫慰你的自我觸碰。其他選項包括：「其他人也有這種感覺」或是「我們都在生活中掙扎。」

- 願我能對自己仁慈。

你可以用適合目前情況的話語來代替，例如：「願我能原諒自己」或「願我能變得有耐心」。

- 願我能帶來幫助，而不是傷害。

在我看來，告訴自己這些事情，而不是肯定自己有多麼驚世駭俗和完美，更貼近現實的共同人類經驗，能協助而非對抗我們的心智運作。

打擊倦怠

若不是自我慈悲，我早就筋疲力盡了。如果你沒有照顧好自己，就無法照顧好別人，無論你是救援人員、家長或醫護人員都一樣。自我慈悲不只是熱水澡和香氛蠟燭，還能為自我照顧帶來更多意義。自我慈悲讓你能與情緒（當然還有各式各樣的脆弱面）保持連結，讓你能持續做你認為重要的事情。當事情發展不順利，我會做這個練習（改編自聶夫與革末，2018 年），但其實，無論何時何地，你都可以做這個練習。

- 做幾次深呼吸，注意你的感受。
- 找到一個和緩的呼吸節奏，試著讓身體放慢下來。
- 吸氣時，想像你吸入了溫暖、善良和慈悲。

- 現在將注意力放在吐氣上。想像某個在受苦的人。那個人可能在你面前，或在其他地方。
- 為這個人吐出溫暖、善良和慈悲。
- 繼續為自己吸入慈悲，為他人吐出慈悲。重複數次。

從心理學的角度來說，這就像是先為自己戴上氧氣罩。你必須先幫助自己，再幫助別人。

核心觀念

自我慈悲深深地觸動了我們對人類處境的體驗，並提供有效的替代方法，讓我們在面對苦難時，不再用短暫的放縱緩解痛苦或嚴格的自我批評作為回應方式。自我慈悲鼓勵我們深入瞭解人類的演化過程以及如何善用所擁有的心智並蓬勃發展。這個方法在本質上相當不同，也能有效改變與自己和他人的關係。

第九章

如何理解自己

「正因為秉持著成長的品格，無論是愉快或不愉快
的經驗，我們都應從中學習。」

納爾遜・曼德拉

　　現在你已經掌握了最高級的心智控制技巧，還有一些有
效的工具來為情緒騰出空間，讓心智可以探求更有意義的問
題：「為什麼我是這樣子？」

🌱 自我覺察／心理汽車保養

　　我們很少會花時間自我覺察，確實，當你有衣服要洗
（又來了），還要幫小孩找制服（又來了），會覺得這是個

荒謬又不必要的奢侈行為。然而,在不同需求之間來回彈跳,卻沒有騰出時間來處理壓力,實質上就是壓力,因為你沒有時間用不同的方式來處理事情。這就像是擁有一台跑起來不順暢的車子,或許能帶你到目的地,但乘車體驗糟糕極了。若想讓一切變好,享受舒適的乘車體驗,你須要停下來,為汽車做些保養。

　　花時間進行自我覺察,就像是為汽車進行保養。這能幫助你在人生中做出有意義的改變,因為你將會瞭解,並更加意識到你的過去如何影響現在,還有未來。你可以從反思人生、形塑人格的關鍵時刻、過去的情緒和行為模式中,深刻瞭解行為背後的驅動力為何。這個過程會讓你大開眼界,當你發現自己有多麼受到過去事件的影響,你一定會大吃一驚。這同時也是一個走向自由的過程。你現在掌握了心理學技巧,能退一步看待過去自我限制的敘述,用不同的眼光看待你的經驗,或許能抱有更多的自我慈悲。這個機會能讓你在看待過去時,不至於掉入「自我批評」「應該怎麼做」和

「早知道就怎麼做」的想法，因為我們的心智在回顧往事時，經常會產生這種想法。多花一點時間回顧人生的高低起伏、歡樂和痛苦、按照或違背價值觀而活的時刻，你將能帶著自我認識和自我覺察在人生中前進。

拋給自己一條生命線

為反思提供架構最好的方式是做「生命線練習」。這有點像是在寫日記，但厲害多了。總共有幾個不同的階段，我會一一向你介紹。這些練習都可以隨時隨地進行，不須事先準備，也不會很麻煩（畢竟，我的工作是幫助你減少壓力，不是增加你的負擔），但我認為，如果你能花一個小時來做這個練習，會有很大的幫助。或許你不須要用到一個小時，那也沒關係，但試著空出一小時的時間，不受任何外務的干擾。沒什麼比倒垃圾能更快扼殺自我覺察氣氛。

🌿 打造你的生命線

首先，要打造生命線有兩個方式可以選擇，一是用紙跟筆，二是打造實體生命線。

紙筆生命線

所以呢，你會需要一隻筆跟一張紙。理想的紙張大小是A3。從紙的一頭畫一條線到另一頭，水平或垂直都可以。這條線代表你的生命，線的開頭代表你的出生，尾巴代表即將到來的人生。

從出生開始，按照時間先後順序，在線上標記人生中的重要事件，無論好的壞的。你只須要為每個事件留下簡短的註記。現在我們只是要做出概述。當你抵達了現在這個時刻，簡短註記你對於未來的願望和夢想。舉例如下：

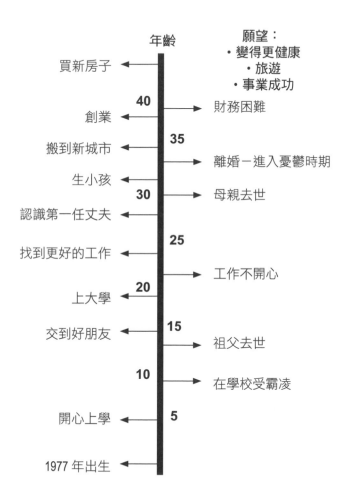

年齡

願望：
・變得更健康
・旅遊
・事業成功

買新房子 ←

40

創業 ←　　　　　　→ 財務困難

35

搬到新城市 ←

　　　　　　　　→ 離婚－進入憂鬱時期

生小孩 ←

30　　　　　→ 母親去世

認識第一任丈夫 ←

25

找到更好的工作 ←

　　　　　　　　→ 工作不開心

20

上大學 ←

15

交到好朋友 ←

　　　　　　　　→ 祖父去世

10

　　　　　　　　→ 在學校受霸凌

開心上學 ←　　5

1977 年出生 ←

190

🌿 實體生命線

　　根據你的喜好，你也可以製作實體生命線（紹爾、紐納與艾伯特，Schauer, Neuner & Elbert，2011 年）。用這個方式製作生命線會讓你留下更深刻的印象。你需要一條長長的緞帶或繩子（幾公尺應該就可以）。你也需要能夠記錄人生中重要事件的物品。你可以用人造花、鮮豔的珠子、樹葉、哈瑞寶小熊軟糖（取決於你喜不喜歡小熊軟糖）來標記正面的事件，總之，選擇你覺得很正面的東西。至於困難的事件，你可以用石頭或小石子、你不喜歡的乾燥義大利麵（或許你不喜歡筆管麵）或什錦甘草糖來標記（應該沒什麼人喜歡甘草糖吧）。甚至，你也可以用捏皺的小紙球。你也會需要一些便條紙。

　　展開緞帶，在地上排成一條長線，將其中一端折起來。這代表你即將到來的人生……從另一端開始，依照時間順序反思你的人生，在線上擺上代表正向和困難事件的馬克筆。

接著,在便條紙寫上每個事件的一些重點,像是在何時何地發生,並把它黏在相對應的馬克筆上面。不須要寫得太仔細,在這個階段,我們只需要一個概覽。繼續記錄重要的事件,直到抵達今天。簡短寫下你對未來的希望和夢想,把它放在直線的最後一端。現在,你可以為這條生命線拍張照(你可能須要連續拍好幾張,小心別讓雙腳入鏡,除非你穿著可愛的鞋子),並且將這張照片放在隨處可見的地方。

🌿 敘述你的生命線

現在有了畫好的生命線,或是實體生命線的照片,你可以開始敘述這條生命線上面的每一個事件。我建議你按照時間順序,一次敘述一個事件。每個事件想講多久時間,完全由你決定。小而可行的任務能幫助你開始,將時間限制在三十分鐘以內,一天最多只敘述一個事件,但這只是個建議。目的是盡可能描述這個事件。你可以考慮的重點包括:

- 那時我正在經歷什麼？
- 這個事件的事實（如地點、時間）為何？
- 發生了什麼事？
- 當時的感覺是什麼？我在這個事件前後有過哪些感覺？
- 這個時期留下了哪些鮮明的回憶？
- 我從這個事件中學到了什麼？
- 我當時對於這個事件有什麼想法？我現在對於這個事件的想法還是一樣嗎？
- 事件發生時，我做了什麼？我當時的行為是有用還是有害？這個事件有哪些長期和短期的影響？
- 當時我有哪些優點？
- 我是否注意到思想、感受和行為上有任何主題或模式？

　　持續書寫每一個事件，你對未來的希望和夢想是每個事件最精彩的地方。最後，你會獲得一個詳細敘述人生重要事件的文件。或許你將獲得關於自我情緒的洞見，或是更深入

瞭解這些事件中你的關係和行為。無論你發現什麼，你都會
發現有用的東西，記錄這些讓你感覺符合價值觀且充滿意義
的人生時刻。這可能是個令你極度喜悅的時刻，或是極度悲
傷和失落的時刻。通常是在這些時刻，我們才瞭解什麼東西
是最重要的。從現在開始，運用這些洞見來指引自己走過人
生，而不是心智所產生的嚴酷表述。

🍃 關於嚴苛敘述（Harsh Narratives）……

當你潛入過去，你的心智會打撈出許多陳年往事。心
智會透過絕望的角度敘述故事，人生中滿是懊悔、錯誤和錯
失的機會。我們在詮釋自己的人生時出奇地殘酷，經常錯失
從過往經驗找到其他新意義的機會。糾結於這些過去的評斷
和評價並沒有幫助，請務必從中解離開來，用清晰的觀點和
自我慈悲做這個練習。同樣地，一些巨大而困難的情緒會浮
現，創造空間，帶著它們，以仁慈和理解繼續你的工作。這

194

些不是你在尋找的敘述。你可以繼續你的工作，繼續前進。

🍃 特定生命線

　　生命線不是做完一次就結束了。你可以在特定的人生時刻做更多更詳細的生命線。舉例來說，你可能想要為職涯做出詳細的生命線，或是你想更有意識地思考過去的感情關係如何影響你現在的人生。

　　為特定情緒製作相對應的生命線是個很好的梳理方式。如果你受到焦慮的困擾，你可以記錄自己的焦慮史。你可以提出這些問題：

- 你第一次感到焦慮是什麼時候？
- 你從照顧者和重要的人身上，學到了關於焦慮的哪些事？
- 你經歷過哪些和焦慮相關的重要事件？

- 一直以來，你和焦慮之間的關係如何？
- 當你感到焦慮，會做出哪些行為？

當然，你可以選擇任何想探討的情緒或人生面向，包括健康、職涯、金錢、悲傷、界線、歡樂、性、食物、酒精、工作、喪慟，只要你想得到的，都可以做成生命線。

核心觀念

停下腳步看看是什麼形塑了你，這絕對不是在浪費時間。用新學到的技巧回顧過去，培養自我覺察和自我認識，能在你面對未來時發揮顯著的影響。

第十章

如何融會貫通

　　那麼，你現在的感覺如何？感覺心理韌性增加了嗎？甚至覺得心理發展茁壯嗎？你是否不再混淆想法和感受？你是否感覺新的道路在你眼前展開？你是否踏上了抗壓韌性的道路？我衷心希望如此。

　　那麼，現在要做些什麼呢？我建議你回顧有興趣的章節。當我剛開始學習這些技巧，我特別專注在解離和價值觀上。或許你會想從價值觀練習開始，再進行接受練習。又或者你會想從解離技巧開始，再繼續練習正念。你可以用任何方式回顧之前的章節（跳躍、像跳華爾滋一樣轉圈或快速翻閱），沒有正確或錯誤的方式。

　　如果你真的想改變人生，最重要的是練習你閱讀過的東西。有些人會這麼做，有些人不會，而有些人會回來複習。

這都無所謂，因為你在之後的人生中都可以運用這些工具。你越常做這些練習，就越能運用自如。

我希望這本書能提供你技巧，我還希望這本書能帶給你希望。我希望無論你在哪裡，經歷著什麼，都有機會過上有意義且有價值的人生，用你認為重要的方式來對待自己、他人和世界。

我希望你從本書中學到的技巧能讓你明白，無論任何時刻、經歷什麼想法和感受，你都能根據自己的價值觀行動。你能控制你的行為。你能選擇你的價值觀。你不只是你的想法和感受，你遠比這些來得更多。

這是「做自己好自在」的新方式。請散播這句話。

參考資料

1. 如何管理你的心智：大腦 101

p.15「我一直以為大腦是全身最重要的器官，直到我意識到是誰告訴我這件事。」Emo Philips, HBO Comedy Special 1987. https://www.youtube.com/watch?v=izH3zpAuDUs

2. 如何更懂得思考

p.27 韋 格 納 用 實 驗 調 查 這 個 現 象。Wegner，Daniel M. & Schneider，David J. (2003)。'The white bear story', *Psychological Inquiry*, 14, pp. 326–329.

p.34 擁 有 想 法。Hayes, S. C., & Smith, S. (2005). *Get Out of Your Mind and Into Your Life: The new Acceptance and Commitment Therapy*. Oakland, CA: New Harbinger.

p.36 感謝你的心智。Harris, R. (2008). *The Happiness Trap: How to stop struggling and start living*. Boston, MA: Trumpeter.

p.37 唱歌和搞笑的聲音。Hayes, S. C., & Smith, S. (2005). *Get Out of Your Mind and Into Your Life: The new Acceptance and Commitment Therapy*. Oakland, CA: New Harbinger.

p.38 一百多年前，一位名叫愛德華・鐵欽鈉的心理學家。
Titchener, E. B. (1916). *A Text-Book of Psychology*. New York: Macmillan.This exercise is found in Hayes, S. C., Strosahl, K., & Wilson, K. G. (1999). *Acceptance and Commitment Therapy: An experiential approach to behavior change*. New York, NY: Guilford Press.

p.39 與 想 法 同 行。Hayes, S. C., & Smith, S. (2005). *Get Out of Your Mind and Into Your Life: The new Acceptance and Commitment Therapy*. Oakland, CA: New Harbinger.

p.42 電視螢幕。Harris, R. (2008). *The Happiness Trap: How to stop struggling and start living*. Boston, MA: Trumpeter.

3. 如何更懂得感受

p.47「我們的感受是通往知識最真實的道路。」Lorde, A. (2004). *Conversations with Audre Lorde*. Univ.Press of Mississippi.

p.51 情緒是沙灘球。Jepsen, M., in Stoddard, J. A., & Afari, N. (2014). *The Big Book of ACT Metaphors: A Practitioner's Guide to Experiential Exercises and Metaphors in Acceptance & Commitment Therapy*. Oakland, CA: New Harbinger.

p.64 成為天空。Harris, R. (2009). *ACT Made Simple: An easy-to-read primer on Acceptance and Commitment Therapy*. Oakland, CA: New Harbinger.

p.67 衝動衝浪是兩位美國成隱心理學家在 **1980** 年代提出的名詞。Marlatt, G.A & Gordon, J.R., eds.(1985). *Relapse Prevention: Maintenance strategies in the treatment of addictive behaviors*. New York: Guilford Press.

4. 如何採納觀點

p.72 漂 流 的 落 葉。Hayes, S. C., & Smith, S. (2005). *Get Out of Your Mind and Into Your Life: The new Acceptance and Commitment Therapy*. Oakland, CA: New Harbinger.

p.78 成 為 棋 盤 **(Steve Hayes, 1999)** Hayes, S. C., Strosahl, K., & Wilson, K. G. (1999). *Acceptance and Commitment Therapy: An experiential approach to behavior change*. New York: Guilford Press.

pp.74–79 你的思考自我與你的觀察自我。Hayes, S. C., Strosahl, K., & Wilson, K. G. (1999). *Acceptance and Commitment Therapy: An experiential approach to behavior change.*New York: Guilford Press.

p.79 跟觀察自我當好朋友（持續的你，哈里斯，**2009**）。Harris, R. (2009). *ACT Made Simple: An easy-to-read primer on Acceptance and Commitment Therapy*. Oakland, CA: New Harbinger.

p.80 持續的你。Sinclair, M., & Beadman, M. (2016). *The Little ACT Workbook*. Hachette, UK.

5. 如何活在當下

p.86 有個哈佛的研究 **(Killingsworth & Gilbert, 2010)**。Killingsworth, M.A. & Gilbert, D.T, (2010). *A wandering mind is an unhappy mind, Science*, 12;330(6006): 932. doi: 10.1126/science.1192439.PMID: 21071660.

p.91「專注在此時此刻，不加批判的覺察」。Kabat-Zinn, J. (2003). Mindfulness-based interventions in context: Past, present, and future. *Clinical Psychology: Science and Practice*, 10(2), pp. 144–156. https://doi.org/10.1093/clipsy.bpg016.

p.93 放下船錨。Harris, R. (2009). *ACT Made Simple: An easy-to-read primer on Acceptance and Commitment Therapy*. Oakland, CA: New Harbinger.

p.96 音樂的正念。Hayes, S. (2019). *A Liberated Mind: How to pivot toward what matters*. New York: Avery.

6. 如何更懂得生活

p.105 有些價值觀的研究 **(Cohen & Sherman, 2014; Jordt, 2017)**。Jordt, H., Eddy, S. L., Brazil, R., Lau, I., Mann, C., Brownell, S. E., & Freeman, S. (2017).'Values affirmation intervention reduces achievement gap between underrepresented minority and white students in introductory biology classes'. *CBE – Life Sciences Education*, 16(3), ar41.

p.106 在史密斯等人的研究中，受試者首先被要求進行泡冰水任務。Smith, B. M., Villatte, J. L., Ong, C. W., Butcher, G. M., Twohig, M. P., Levin, M. E., & Hayes, S. C. (2019). The influence of a personal values intervention on cold pressor-induced distress tolerance. *Behavior Modification*, 43(5), pp. 688–710.

p.123 生活面向（靈感來自凱莉 ‧ 威爾森《有價值生活問卷》）。Wilson, K., Groom, J. (2006).*Valued Living Questionnaire (VLQ)*.

p.124 無論你是三十歲、五十歲或八十歲。Harris, R. (2008).*The Happiness Trap: How to stop struggling and start living*.Boston, MA: Trumpeter.

p.125 參加自己的葬禮。Hayes, S. C., Smith, S. (2005).*Get Out of Your Mind and Into Your Life: The new Acceptance and Commitment Therapy*.Oakland, CA: New Harbinger.

p.128 祕密價值觀。Hayes, S. (2019).*A Liberated Mind: How to pivot toward what matters*.New York: Avery.

p.130 甜密時刻（靈感來自凱莉 ‧ 威爾森的 **Sweet Spot exercise**，威爾森與杜佛雷納，**2009** 年）。Wilson, K.G., DuFrene, T. (2009). *Mindfulness for Two: An Acceptance and Commitment Therapy approach to mindfulness in psychotherapy*.Oakland, CA: New Harbinger.

7. 如何採取行動

p.133「今天就改變你的人生，不要將賭注放在未來，即刻行動，別再拖延。」Schwarzer, A. & De Beauvoir, S. (1984). *After the Second Sex: Conversations with Simone De Beauvoir*.Pantheon.

p.134 研究顯示，大多數人在一月十九日以前就放棄了新年新希望。https://www.inc. com/jeff-haden/a-study-of-800-million-activities-predicts- most-new-years-resolutions-will-be-abandoned-on-january-19-how-you-cancreate-new-habits-that-actually-stick.html, 03/01/2020.

p.136 為何你會重蹈覆徹。Skinner, B. F. (1953).*Science and Human Behavior*.New York: Macmillan.

p.142 變 得 聰 明。Doran, G.T. (1981) 'There's a S.M.A.R.T. way to write management's goals and objectives.' *Management Review*, 70(11), pp. 35–36.

p.146 習慣掛鉤。Fogg, B. J. (2020). *Tiny Habits: The Small Changes that Change Everything*. Boston: Houghton Mifflin Harcourt.

8. 如何對自己更具慈悲心

p.155 自我慈悲是由三個獨特但交互作用的元素所構成。Neff, K. D. (2003a). 'Self-compassion: An alternative conceptualization of a healthy attitude toward oneself'. *Self and Identity*, 2(2), pp. 85–101.

p.156 第一步是要瞭解大腦基本上是在執行三種情緒調節系統。Depue & Morrone-Strupinsky.(2005).'A neurobehavioral model of affiliative bonding: Implications for conceptualizing a human trait of affiliation'. *The Behavioral and Brain Sciences*.28, pp. 313–350.Gilbert, P. (2009). *The Compassionate Mind: A new approach to life challenges*. London: Constable and Robinson.

p.168 沒 有 人 喜 歡 被 批 評。Elberse, Anita 'Ferguson's Formula' *Harvard Business Review*https://hbr. org/2013/10/ergusons-formula October 2013.

p.169 自我慈悲的人們設定的目標和沒有自我慈悲的人們一樣高。 Neff, K. D. (2003a). 'Self-Compassion: An alternative conceptualization of a healthy attitude toward oneself '.*Self and Identity*, 2(2), pp. 85–101.

p.169 自我慈悲也和學術工作的適應性方式相關。Neff, K., Hsieh, Y., & Dejitterat, K. (2005). 'Self-compassion, achievement goals, and coping with academic failure'.*Self and Identity*, 4, pp. 263–287.

p.169 壞消息是，自尊可能會帶來一些負面效果。Neff, K. D., & Vonk, R. (2009).*Self-compassion versus global self-esteem: Two different ways of relating to oneself, Journal of Personality*, 77, pp. 23–50.

p.172 舒緩節奏呼吸。Gilbert, P. (2009). *The Compassionate Mind: A new approach to life challenges*.London: Constable and Robinson.

p.176 打造慈悲畫面（改編自吉伯特，**2009** 年）Gilbert, P. (2009). *The Compassionate Mind: A new approach to life challenges*. London: Constable and Robinson.

p.179 慈 悲 的 觸 碰。Neff, K. Germer, C. (2018). *The Mindful Self-Compassion Workbook: A proven way to accept yourself, build inner strength, and thrive.*New York, NY: Guilford Press.

p.180 暫停一下，自我慈悲的休息（改編自聶夫與革末，**2018** 年）。Neff, K. Germer, C. (2018).*The Mindful Self-Compassion Workbook: A proven way to accept yourself, build inner strength, and thrive.*New York, NY: Guilford Press.

p.182 打擊倦怠（改編自聶夫與革末，**2018** 年）。Neff, K. Germer, C. (2018). *The Mindful Self- Compassion Workbook: A proven way to accept yourself, build inner strength, and thrive.* New York, NY: Guilford Press.

9. 如何理解自己

p.185「正因為秉持著成長的品格，無論是愉快或不愉快的經驗，我們都應從中學習。」Nelson Mandela at Foreign Correspondents' Association's Annual Dinner, Johannesburg, South Africa 1997.

p.190 實 體 生 命 線。Schauer, M., Neuner, F., Elbert T. (2011). *Narrative Exposure Therapy: A short-term treatment for traumatic stress disorders* (2nd edition). Cambridge, MA.Hogrefe Publishing.

致謝

　　我已經在腦中演練過無數次的感謝詞，而這一次是真的：我想感謝奧斯卡頒給我最佳導演獎……等一下！不是這個得獎感言。請讓我再開始一次。

　　首先，感謝我最棒的經紀人 Claudia Young（她也是我的治療師和人生教練，但她自己並不知道），還有 Greene & Heaton 的各位，是你們陪伴並支持我寫完了我的第一本書。我真的非常感激。

　　感謝 Fourth Estate 的編輯 Michelle Kane，當我第一次見到你，我就知道你是我的編輯，你開玩笑地對我說：「妳有安全識別證嗎？」把我耍得團團轉，因為你也覺得我是你的作者。非常感謝你的幽默和鼓勵，也感謝 Fourth Estate 的所有同事，是你們促成了這本書的出版。特別感謝善良的Annie Ridout，在一開始介紹我們認識。

　　家人一如既往地提供我莫大的支持，我要感謝的人非常多，首先感謝老公 Nick 的愛、鼓勵和無與倫比的約克夏布丁。感謝我獨一無二的女兒蘇菲亞，妳每天都點亮了我的生命。我以為我的任務是教導妳，而我現在覺得，或許反過來才是真的。我對於妳的創造力、善良和幽默深感驕傲。當然還要感謝忠誠且充滿愛的 S 為我帶來一輩子的友誼，你知道我在說你。感謝 Sara Hossain 和 David Bergman，你們總是帶給我擁抱、晚餐並讓我負責切蔬菜。感謝我所有的家庭成員和姻親，因為人數太多，無法一一舉出，而且我害怕遺漏任何一個人，但我很感謝你們所有人。這樣說的話，應該可以過關吧！

　　現在輪到了我的朋友們。Jill Dickerson、Dina Hossain（一個躲在朋友群裡的親戚）以及 Claudia Bellini，你們是我的靈魂伴侶，我很幸運有你們的陪伴。Henny Finch、Charlotte Bigland 和 James Coleman，感謝你們為我帶來超過二十五年的友誼和可靠的肩膀。你們是古羅馬以外最棒的三

巨頭。Esther Kelbert，感謝你陪我在漢默史密斯河邊來來回回走了無數次，有點像隻狗，但你是我認識最棒的傾聽者。

衷心感謝 Kerry Young 和 Millay Vann 的幽默和智慧，你們教導我關於創傷所須要知道的一切。謝謝你們讓我做我自己。如果沒有你們兩個，我不知道自己會做些什麼。真的。然後現在可以不要再摸我的東西了。

我也很感謝接受與承諾療法（ACT）社群，尤其是 Joe Oliver，你總是大方分享你的時間和知識，不只閱讀本書的章節，也不介意被我的電子郵件打擾，或許是你太有禮貌而沒有告訴我。當然，我也很感激所有的諮商者，在過去幾年內跟我分享他們的旅程。我希望自己有幫上忙。

如果沒有這三個人，我就不會寫下這本書（所以如果你不喜歡這本書，就怪他們吧）。感謝 Larushka Ivan-Zadeh 堅定的鼓勵和耐心的校閱。能獲得像你一樣高水準作家的支持，使我充滿了信心。感謝 Adele Stevens 從一開始就鼓勵我寫書。你總是在我批評自己的時候，幫助我擺脫糾結。你真

的是這方面的專家。Nicky Yates，多年前你說我應該寫點東西，所以我照做了，看看現在結果如何！感謝你激勵我開始寫書，還不斷提供正能量、熱忱和寫作風格建議。

最後，我對父母親的感激溢於言表。我只能說我所做的一切以及我可能做出的任何善舉，都歸功於我的父母。感謝我的父親，做我堅定的靠山，感謝你的慈悲心和無條件的愛。感謝我的母親，我非常想念妳，也很愛妳，感謝妳過去曾向我展現許多可能性。我知道妳總是與我同在。

Note

Note

國家圖書館出版品預行編目(CIP)資料

抗壓韌性：學會覺察與疼惜自我,活出想要的
人生/珊.艾卡芭(Sam Akbar)著 ; 詹宛樺譯. --
初版. -- 新北市 : 世茂出版有限公司, 2023.10
　　面 ; 　公分. -- (心靈叢書 ; 19)
　　譯自 : Stressilient : how to beat stress and
build resilience
　　ISBN 978-626-7172-55-1(平裝)

1.CST: 抗壓 2.CST: 壓力 3.CST: 情緒管理

˙176.54　　　　　　　　　　112011602

心靈叢書19

抗壓韌性：學會覺察與疼惜自我，活出想要的人生

作　　　者／珊・艾卡芭（Sam Akbar）
譯　　　者／詹宛樺
主　　　編／楊鈺儀
封面設作／林芷伊
出 版 者／世茂出版有限公司
地　　　址／(231)新北市新店區民生路19號5樓
電　　　話／(02)2218-3277
傳　　　真／(02)2218-3239（訂書專線）　單次郵購總金額未滿500元（含），請加80元掛號費
劃撥帳號／19911841
戶　　　名／世茂出版有限公司
世茂網站／www.coolbooks.com.tw
排版製版／辰皓國際出版製作有限公司
印　　　刷／世和彩色印刷股份有限公司
初版一刷／2023年10月

ＩＳＢＮ／978-626-7172-55-1
ＥＩＳＢＮ／9786267172599（EPUB）/ 9786267172582（PDF）
定　　　價／360元